内河水上交通管理手册

保定市地方海事局　编

河北大学出版社
·保定·

内河水上交通管理手册

NEIHE SHUISHANG JIAOTONG GUANLI SHOUCE

出 版 人：耿金龙
责任编辑：李丽华
装帧设计：杨艳霞
责任校对：刘文娜
责任印制：靳云飞

图书在版编目（CIP）数据

内河水上交通管理手册 / 保定市地方海事局编．--
保定 ：河北大学出版社，2019.11
ISBN 978-7-5666-1605-0

Ⅰ．①内… Ⅱ．①保… Ⅲ．①内河－水上交通－交通运输管理－手册 Ⅳ．①U697.31-62

中国版本图书馆 CIP 数据核字（2019）第 270842 号

出版发行：河北大学出版社
地址：河北省保定市七一东路 2666 号　邮编：071000
电话：0312-5073033　0312-5073029
邮箱：hbdxcbs818@163.com　网址：www.hbdxcbs.com
经　　销：全国新华书店
印　　刷：保定市北方胶印有限公司
幅面尺寸：148 mm×210 mm
印　　张：5.625
字　　数：114 千字
版　　次：2019 年 11 月第 1 版
印　　次：2019 年 11 月第 1 次印刷
书　　号：ISBN 978-7-5666-1605-0
定　　价：45.00 元

主办单位： 保定市交通运输局

承办单位： 保定市地方海事局

技术支持单位： 河北海事局

邮箱： bdmsabgs@163. com

电话： 0312－3085110

序　言

内河水上交通管理是内河（淀、湖泊、水库等）船舶安全监督管理、船舶防污染监督管理和通航安全保障、行政执法、水上运输、码头管理等活动的总称，具体担负船舶、船员、通航安全管理等职责，是以保障水上交通安全、防止船舶污染水域环境为目的的管理工作。

行事千千万，根本是关键。所谓根本，是指事物的根源或最重要的部分。内河海事工作的根本主要是解决船员适任、船舶适航、企业明管、监管知法等方面的问题。

本书主要针对内河水上交通管理工作中，船舶所有人、船舶驾驶人、企业经营人、基层海事执法人员存在的因不熟悉法律、法规、规章而不按章作业、依法行政不懂或不会、不好操作等基本问题。保定市地方海事局参与编辑本书的同志，为寻求海事工作的根本依据、根本方法，结合大家20多年的内河海事管理实践经验和教训，在广泛征求广大船员、船舶所有者、企业经营者及基层海事执法人员意见的基础上，本着船员适任、船舶适航、企业适用、监管适法的原则，认真疏理国家、部、省及地方文件要求，用最新的法律、法规、条例，用最易懂的论述、最直接的图表案例，解答船员、船舶所有人、企业经营者、基层内河海事执法人员应知应会的问题。本书通俗易懂，便于实际应用操作，是一本用来培训相关人员的好教材。

在编辑过程中，我们得到了交通部、河北海事局、河北省地方海事局领导和专家的鼎力支持，确保了本书的正确方向和实操的准确性，在此表示衷心的感谢！由于我们经验不足、水平有限，难免有这样、那样的疏漏和错误，欢迎读者批评指正。此外，虽然本书所依据的法律、法规、规范性文件均为2018年底的最新国家要求，但随着新的法律、法规、条例的出台，我们会不断补充完善本书相关内容。

目　录

第一章　船舶管理 …………………………………………………… (1)
第一节　船舶登记 ………………………………………………… (1)
第二节　内河小型船舶检验 ……………………………………… (8)
第三节　船舶进出港报告 ………………………………………… (18)
第四节　船用消防设备 …………………………………………… (20)
第五节　船用救生设备 …………………………………………… (22)
第六节　长度小于 5 米内河船舶的管理 ………………………… (24)
第七节　船舶安全监督 …………………………………………… (30)
第八节　船舶防污染管理 ………………………………………… (37)
第九节　渡口渡船管理 …………………………………………… (39)

第二章　船员管理 …………………………………………………… (46)
第一节　船员职责和要求 ………………………………………… (46)
第二节　船员培训管理 …………………………………………… (50)
第三节　船员适任考试和发证 …………………………………… (60)
第四节　最低安全配员 …………………………………………… (65)
第五节　船员违法记分管理 ……………………………………… (71)
第六节　船员服务机构管理 ……………………………………… (77)

第三章　通航管理 …………………………………………（84）
第一节　海事监督管理职责及规范 ………………………（85）
第二节　海事日常管理 ………………………………………（87）
第三节　水上交通事故调查处理 …………………………（100）

第四章　内河海事行政执法 …………………………………（112）
第一节　内河海事行政许可 ………………………………（113）
第二节　内河海事行政处罚 ………………………………（115）
第三节　内河海事行政强制 ………………………………（134）

第五章　内河航道、航标 ……………………………………（139）
第一节　航道 …………………………………………………（139）
第二节　航标 …………………………………………………（142）

第六章　水路运输管理 ………………………………………（146）
第一节　国内水路运输业经营许可 ………………………（147）
第二节　船舶营业运输证书 ………………………………（154）
第三节　水路运输经营者 …………………………………（157）
第四节　水路运输监督检查 ………………………………（159）
第五节　河北省小型客船运输管理 ………………………（163）

附件：本书参考的主要法律、法规文件 ……………………（166）

第一章 船舶管理

船舶管理是海事管理的主要内容之一，也是整个水上安全链上重要的管理环节。在水上交通安全这条主线中，船舶是最主要的安全因素。船舶管理的内容主要包括船舶登记、船舶检验、船舶进出港报告制度等，本书还加入了对 5 米以下小型船舶管理的内容。

第一节 船舶登记

船舶登记，是指船舶登记机关按照《中华人民共和国船舶登记条例》（以下简称《船舶登记条例》）的规定，对船舶所有权、船舶国籍、船舶抵押权、光船租赁、船舶烟囱标志和公司旗进行登记，即对船舶所有权的确认和对航行权的许可。船舶经依法登记，取得中华人民共和国国籍，方可悬挂中华人民共和国国旗航行。船舶所有权的取得、转让和消灭，以及抵押权、光船租赁权的设定，应当向船舶登记机关登记；未经登记的，不得对抗第三人。通过海事管理机构核定的船舶名称具有唯一性。

船舶登记适用范围主要包括公民个人、企业法人、政府机构、事业法人的船舶。船舶登记机关为交通运输部海事局确定的开展船舶登记业务的各级海事管理机构。船舶登记目前开展的业务有船舶识别号管理、船舶名称核定、船舶所有权登记、船舶国籍登记、船舶变更登记、船舶注销登记等。其中，船舶国籍登记为行政许可，其余业务为行政确认。船舶登记的办理程序主要有申请、受理、审查、记载于船舶登记簿、发证。其中最主要的环节就是对申请材料进行审查和确认，以保证各种材料的准确和有效。另外，5 米以下内河小型船舶登记工作由各县（市、区）海事管理机构负责。下面对各项业务分别加以介绍：

一、船舶识别号的管理

船舶识别号是用于永久识别船舶的唯一编码。船舶识别号的运用不仅有利于识别船舶，更有助于海事机构对船舶加强管理，使船舶检验机构和船舶登记机关之间建立良好的信息沟通机制，提高工作效率，防范违法行为。中华人民共和国海事局是船舶识别号的主管机关，负责船舶识别号的授予和统一管理，凡在中国登记的船舶均应取得船舶识别号。

（一）船舶识别号的申请

境内建造的新建船舶，船舶建造人应当在安放龙骨或处于相似建造阶段后 10 个工作日内向船舶建造地的船舶登记机关申请；境外建造并拟在中国登记的新建船舶，船舶定造人应当在安放龙骨或处于相似建造阶段后 10 个工作日内向拟申请登记地的船舶登记机关申请。申请船舶识别号要提交以下材料：

1. 船舶识别号申请表。

2. 申请人身份证明文件；委托他人申请的，需提交授权委托书及被委托人身份证明文件。

3. 船舶所有权取得证明文件或船舶建造合同、光船租赁合同。

4. 属新建船舶的，需提交经批准的船舶设计资料；其他船舶提交船舶基本技术资料。

申请人应当如实填写和提交申请材料，并且对申请材料的真实性负责。

（二）船舶识别号的授予

海事管理机构在收到申请后，受理和初审人员要及时审查申请材料是否合格，再将合格的申请材料上传到船舶登记系统。中华人民共和国海事局收到申请的电子数据后进行复审，通过复审的船舶统一授予船舶识别号并在官方网站告知结果。号码授予信息在海事内外网公布，检验机构、登记机关和相应申请人均可以查询和打印。

二、船舶名称核定

船舶名称核定，是船舶所有人为所属船舶所起的名称，须经船舶登记机关核准后方可使用。一艘船舶只准使用一个船名。船名不得与登记在先的船舶重名或同音。

船名由汉字（其英文译文为汉语拼音）或汉字并阿拉伯数字组成，其中汉字不得少于 2 个。船名字符数最多不超过 14 个，最少不少于 4 个（每个汉字计为 2 个字符，每个阿拉伯数字计为 1 个字符）。公务船舶的船名，由主管机关专门公布的特殊结构组成，并且报经主管机关特别批准。

（一）船舶名称核定申请

向海事管理机构申请核定船名应提交以下材料：

1.《船舶名称核定申请书》。

2. 申请人身份证明及其复印件。

3. 依照法律规定应当提交的其他证明文件。

（二）船舶名称核定审查

受理和初审人员收到申请材料后，应当对申请材料进行审查，再将合格的申请材料上传到船舶登记系统，由登记系统核定船舶名称。

（三）注意事项

1. 船名经核定后，在各个船舶登记机关办理船舶登记手续时均可以使用，但在24个月内未办理船舶登记手续的，经核定的船名自动失效。

2. 船舶所有权转移后需要变更船名的，应当在办理新的船舶所有权登记前，申请核定使用新船名。船舶所有权转移后继续使用原船名的，应当在办理新的船舶所有权登记前，申请核定使用原船名。

3. 船舶所有权注销或船名变更后，原船舶可以继续使用原船名。

三、船舶所有权登记

船舶所有权，是指船舶所有人依法对其船舶享有占有、使用、收益和处分的权利。我国的船舶所有权登记是以取得船舶所有权为前提的，只有取得了船舶的所有权，才可以进行登记；申请登记是一种自愿的行为，交付和登记都是船舶所有权的公示方式，只有登记才是效力最为完整的公示方式。

船舶所有权登记由船舶所有人提出申请；共有船舶由全体共有人共同提出申请。

向海事管理机构申请办理船舶所有权登记，应当提交下列材料：

（一）船舶所有权取得证明材料

1. 购买取得的船舶，提交购船发票或船舶买卖合同、交接文件。

2. 新造船舶，提交船舶建造合同和交接文件。

3. 因继承取得的船舶，提交具有法律效力的所有权取得证明文件。

4. 因赠予取得的船舶，提交船舶赠予合同和交接文件。

5. 依法拍卖取得的船舶，提交具有法律效力的拍卖成交确认书和船舶移交完毕确认书。

6. 因法院裁判取得的船舶，提交生效的裁判文书、交接文件或协助执行通知书。

7. 因仲裁机构仲裁取得的船舶，提交生效的仲裁文书和交接文件。

8. 因政府机关、企事业单位划拨、改制、资产重组所有权发生转移的船舶，提交有权主体出具的资产划拨文件或资产重组船舶所有权归属证明、交接文件。

9. 因融资租赁取得船舶所有权的，提交船舶融资租赁合同和交接文件。

10. 自造自用船舶或其他情况下，提交足以证明船舶所有权取得的证明文件。

注：船舶所有权登记中的所有权取得日期是船舶交接文件记载的船舶交接日期或其他具有同等法律效力的文书记载的日期。当事人对所有权取得日期另有约定的，为约定的日期。

（二）新建船舶的船舶建造检验证书、现有船舶的船舶检验证书或境外购买外国籍船舶的技术评定书

（三）船舶照片

（四）共有船舶的，应提交船舶共有情况证明材料

（五）船舶所有人是合资企业的，应提交合资企业出资额的证明材料

（六）已经登记的船舶，应提交原船舶登记机关出具的船舶所有权登记注销证明书

四、船舶国籍登记

船舶国籍登记属于行政许可，其意义在于船舶所有人按照某一国家的船舶登记管理规范进行登记，取得该国签发的船舶国籍证书并悬挂该国国旗航行，从而使船舶被确认为隶属于登记国的一种法律上的身份。

船舶国籍证书是证明船舶国籍的书面文件，也是船舶合法航行的资格证明。船舶国籍证书有效期为 5 年，期满应申请换发新证。

向海事管理机构申请办理船舶国籍证书，应当提交以下材料：

其一，船舶所有权登记证书。

其二，船舶检验机构签发的船舶检验证书簿。

其三，已经登记的船舶，还应提交原船籍港船舶登记机关出具的注销原国籍的证明书或将于重新登记时立即注销原国籍的证明书。

五、船舶注销登记

船舶注销登记是指为消灭一定的权利而进行的登记。

（一）适用范围

在以下情况发生时，船舶所有人应办理船舶注销登记：

1. 船舶所有权发生转移。

2. 船舶灭失（含船舶拆解、船舶沉没）和船舶失踪。

3. 相应船舶登记事项涉及的法律关系解除或终止。

（二）船舶注销登记申请

船舶所有人向海事管理机构申请办理注销船舶所有权登记，应当提交以下材料：

1. 申请所有权注销登记的相关证明文件。

2. 船舶所有权登记证书。

3. 已办理船舶国籍的，还应提交船舶国籍证书。

4. 已办理光船租赁登记的，还应提交已通知承租人的证明文件。

5. 融资租赁船舶，还应提交承租人同意注销的证明文件。

第二节　内河小型船舶检验

船舶检验是船舶检验机构对船舶及其设备的技术状况进行检验、审核、测试和鉴定的总称，是为保障船舶和人命、财产的安全，防止水域环境的污染，对船舶进行规定范围内的各项检查和检验，以及在检查和检验满意后签发相应的法定证书的过程。

内河封闭水域内航行船舶多为船长 20 米以下的小型船舶，以下以内河小型船舶为例。

一、船舶船检规则的生效与适用

所有规则（及其修改通报）仅适用于新船，如规则有新的要求特别指明适用于现有船舶时，则必须予以满足。

假如船厂或船舶所有人要求在建中的船舶采用新规则要求，应经船舶检验机构同意，并且在相应证书中注明。

图 1-1　内河小型船舶

现有船舶在进行修理、改装、改建时，相关的舾装至少应继续符合其原先适用法规和规范的要求，对于重大改装、改建部分及相关部分应满足新规则的要求。

内河小型船舶的检验规则只适用于船长大于且等于 5 米但小于 20 米的内河小型船舶；除另有规定外，不适用于军船、渔船、木质船舶、柴油挂机船、帆船、运动竞赛艇、游艇。

船舶发动机是指以柴油、汽油或液化石油气（以下简称 LPG）为燃料的发动机。

所有从事营业性的船舶不应设置汽油座舱机；船长大于且等于 15 米的载客船舶不应设置汽油舷外挂机；载客船舶不应设置 LPG 座舱机。

二、船舶检验机构、船舶检验人员及权限

船舶检验机构是指实施船舶检验的机构，包括交通运输部和省、自治区、直辖市人民政府设置的船舶检验机构（以下简称国内船舶检验机构）和外国船舶检验机构在中华人民共和国境内设立的验船公司（以下简称外国验船公司）。

船舶检验机构资质分为 A、B、C、D 四类。经交通运输部海事局资质认可，具有 A 类资质的船舶检验机构，可以从事包括国际航行船舶在内的船舶、海上设施、集装箱和相关船用产品的法定检验；具有 B 类资质的船舶检验机构，可以从事国内航行船舶的法定检验和相关船用产品的法定检验；具有 C 类资质的船舶检验机构，可以从事内河船舶的法定检验；具有 D 类资质的船舶检验机构，可以从事内河小型船舶及封闭水域内船长不超过 30 米、主机功率不超过50千瓦的货船和船长不超过30米、主机功率不超过50千瓦客船的法定检验。

船舶检验分支机构在船舶检验机构的业务范围内，可以从事分工明确的检验业务范围内的法定检验。船舶检验人员应当具备相应的专业知识和检验技能，满足国家相关船舶检验人员资质要求。

船舶检验机构的验船师在执行船舶法定检验时，有权对船舶提出修理要求；在收到港口海事管理机构要求时，上船检查和检验。

三、船舶检验种类

内河小型船舶检验分为建造检验和营运检验。其中，营运检验包括现有船舶初次检验（简称初次检验）、年度检验、换证检验、船底外部检查、附加检验、特别定期检验。

（一）建造检验

新建船舶在投入营运前，对与证书有关的所有项目进行一次完整的检查，以保证这些项目符合要求，适合船舶预期的营运业务。

（二）初次检验

初次对已建造完成的船舶颁发证书前进行的检验，以确保船舶处于良好状态，适合船舶预期的营运业务。

（三）年度检验

对与证书有关项目进行总体检查，以确保船舶处于良好技术状态，适合船舶预期的营运业务。

（四）换证检验

船舶证书到期之前，对与证书有关的项目进行检验，以确保船舶处于良好状态，适合船舶预期的营运业务，并且颁发一张新证书。

（五）船底外部检查

对船舶水下部分和有关项目进行的检查，以确保船舶处于良好状态，适合船舶预期的营运业务。

（六）附加检验

在船舶进行修复之后或进行了任何重大修理或更新之后进行的检验，具体如下：

1. 因发生事故，影响船舶适航性能。

2. 改变船舶证书所限定的用途或航区。

3. 法定证书失效。

4. 船舶所有人或经营人变更及船名或船籍港变更。

5. 涉及船舶安全的修理或改装或改建。

6. 船舶封存后，再次启用时。

7. 其他临时性检验。

（七）特别定期检验

对老旧运输船舶，自其船舶种类达到规定的船龄之日起，对与证书有关的项目进行检验，以确保其处于良好状态，适合船舶预期的营运业务。

四、船舶检验间隔期

表 1-1 船舶检验间隔时间表

船舶种类	检验种类	间隔期限（年）		
		第一次	第二次	第三次及以后
自航船和载客船舶	换证检验	6	6	3
	年度检验	1	1	1
	船底外部检查	3	3	3
非自航船	换证检验	8	8	4
	年度检验	2	2	1
	船底外部检查	4	4	4
趸船	换证检验	8	8	4
	年度检验	4	4	2
	船底外部检查	8	8	4
纤维增强	换证检验	4	4	2
	年度检验	1	1	1
	船底外部检查	2	2	2
高速船	换证检验	4	4	4/2
	年度检验	1	1	1
	船底外部检查	1	1	1

注：①趸船第一个换证检验可浮于水面上进行；②经船舶检验机构同意，可免于非自航船前 2 次船底外部检查、趸船的第 1 次船底外部检查；③高速船的第三次及以后换证检验的间隔期限视船体结构材料而定，当船体结构材料为纤维增强塑料时，换证检验的间隔期限为 2 年；当船体结构材料为钢和铝合金时，换证检验的间隔期限为 4 年。

有冰封期水域的营运船舶（含航行冰区船舶）的年度检验每周进行一次，其证书的有效期为船舶通航期。在执行年度检验时，可采取“两次检验制”，即开江前进行第一次检验，主要检查船体结构（包括水下部分的外板）及设备，并且了解拆检修理情况；开江后进行第二次检验，主要检查船舶设备的安装及进行效用试验。

有冰封期水域的营运船舶（含航行冰区船舶）的换证检验间隔期应按上表执行；如船东提交检验确有困难时，可向船舶检验机构申请展期，经船舶检验机构同意可延期，但最多不超过12个月。

五、船舶建造检验和船舶营运检验

（一）船舶建造检验

1. 检验申请。

（1）船舶所有人或经营人应按照规定向船检部门提出相应的检验申请。

图1-2　内河小型船舶现场检验

（2）提交经船舶检验机构审批的图纸和技术文件。

2. 检验内容。

（1）对船舶建造厂相应资质、建造场地、人员、船舶材料等是否符合建造要求进行检查。

（2）根据图纸要求，对船舶的船体结构及布置、轮机、电气及其他船舶设备的安装进行检查，并且按规定做效用试验。

（3）对船舶进行必要的性能试验，签发证书及报告。

随着国家对船舶使用清洁能源的推广，使用LPG发动机的船舶数量逐年增多，对于装有LPG发动机的船舶的建造检验，其发动机及气罐应至少满足下列要求：

LPG发动机的一般要求：

（1）LPG发动机的设计和制造应符合国家相关标准的规定。

（2）LPG发动机禁止使用双燃料。

（3）LPG发动机作为主机时，应有有效措施使主机转速小于且等于额定转速的115%。

（4）LPG发动机应设有紧急停船装置，该装置可用关闭LPG供气总管上的总阀来实现，而且应能在驾驶室进行遥控。

气罐的一般要求：

（1）气罐应有生产厂家的合格证书。

（2）气罐处所应尽可能采用半围蔽方式布置在甲板以上通风良好处，严禁与机舱、乘客处所混合布置；气罐处所内，应有牢固的固定设施且便于拆卸和调换；气罐与固定座之间应有防撞击的橡胶或木质垫料。

(3) 气罐应尽可能远离热源，避免阳光直接照射。气罐处所的温度一般小于 45 摄氏度，否则应采取适当的降温措施。

(4) 气罐的 LPG 冲装量不得超过气罐容积的 80%。

关于建造检验，应特别注意四个节点：开工前检查、龙骨安放重要日期确定、下水前检查、完工试验。

（二）船舶营运检验

船舶营运检验中的年度检验和附加检验。

1. 年度检验。

(1) 年度检验申请：①船舶所有人或经营人应按照规定向船检部门提出相应的检验申请。②如有委托检验，船舶所有人或经营人还应提供船籍港船舶检验机构的委托函。

(2) 年度检验内容：①尽可能对船体主要板材、船体骨架及与船体连接部位的主要焊缝进行外观检查，检查船体水密、渗漏情况；对于纤维增强塑料船舶，检查船体结构有无裂缝、发白、分层现象。②检查通风筒、空气管、通道、舱口及其关闭装置。③检查扶手、栏杆、通道、出口等安全设施。④核查载重线标志。⑤舵设备、锚泊设备、系泊设备的外观检查及效用试验。⑥检查救生、消防设备是否齐全有效，存放位置是否易取。⑦对主机、齿轮箱、轴系等进行外观检查，必要时进行效用试验。⑧检查机舱通风的有效性，油箱（柜）、燃油系统是否完好且有无渗漏。⑨对船舶航行、信号、电气设备进行检查，进行效用试验。

对于装有 LPG 发动机的船舶，年度检验还应包括对 LPG 机器处所、气罐处所进行总体检查，并且确认处所内不存在失火和爆炸危险及通风系统处于良好工作状态。①检查 LPG 主机遥控系统并确认处于良好的工作状态。②检查 LPG 供气系统，如发现管路、阀件有严重腐蚀、漏气现象应及时处理。③检查 LPG 探测报警系统的工作情况。④对遥控关闭 LPG 供气总阀的机构进行试验。⑤检查防爆电气设备或防点燃电气设备的工作状态。⑥检查气罐处所和机舱的底板及有密闭要求的隔壁的密闭性。

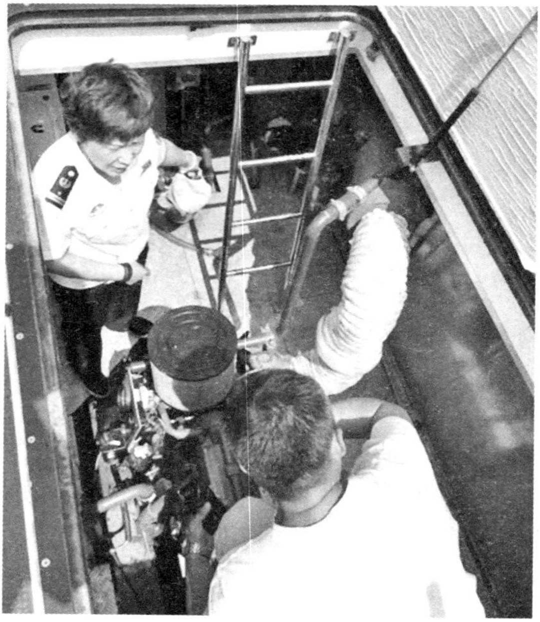

图 1-3 内河小型船舶年度检验

2. 附加检验。

附加检验应根据不同检验情况进行全面或部分检验，确保维修和任何换新、变更已经有效地进行，而且船舶及其设备继续适合于船舶所从事的营运业务。

（三）船舶公证检验

公证检验是指根据申请人要求办理的检验，验船师以第三者的身份，以独立、公正的态度，以专门的知识和丰富的经验及运用各种专门的检验技术，对申请检验项目进行检验和鉴定。

公证检验不同于船级检验和法定检验。公证检验没有规定的检验项目和检验间隔期，更不受公约、法令和法规、规范和规则的强制性要求，而是应申请人、保险人、船舶所有人等关系人的需要，对其申请项目进行检验和鉴定，提供处理有关业务问题的依据。公证书有法律效力。

六、内河船舶检验证书

内河船舶检验证书分为 ZSB-1 证书簿、ZSB-2 证书簿、ZSB-3 证书簿三种，使用的是 1999 年版证书。船检证书格式由交通部海事局制定。空白证书纸也由交通部统一印刷，证书纸上均印有编码。

ZSB-1 证书簿，适用于船长 30 米以上的自航船和主机单机功率 220 千瓦以上（或主机总额定功率 440 千瓦）的船舶。（目前我们常见的）

ZSB-2 证书簿，适用于船长 10 米及以上至 30 米、主机单机功率 220 千瓦及以下的自航船和船长 10 米以上的非自航船舶。

ZSB-3 证书簿，适用于船长 10 米以下、功率较小的船舶。（单页式）

船舶应取得船检部门签发的《船舶检验证书簿》，内河小型船舶的证书按规定只能签发 ZSB-2 证书簿或 ZSB-3 证书簿。

（一）保持船舶检验证书有效的条件

1. 船舶已按本规则进行检验和证书签署，并且处于良好技术状态，适用于预定用途。

2. 船舶按证书限定的航区和条件进行营运或作业。

（二）船舶检验证书的失效

1. 证书有效期满，未继续向船舶检验机构申请检验或展期者。

2. 船舶发生影响船舶安全的重大海损、机损后，未及时向船舶检验机构申请检验者。

3. 涉及船舶安全和防污染的修理、改装等项目而没有预先得到船舶检验机构同意者。

4. 船舶实际装载情况和营运条件与证书及技术文件的规定不符合者。

5. 有影响船舶安全的缺陷而又不能按期进行必要的修理时。

第三节　船舶进出港报告

船舶进出港报告，是指船舶或其经营人通过互联网、电话、短信、微信、传真等方式报告船舶进出港信息的行为。船舶、航运公司或其代理人办理进出港报告事宜。

一、一般规定

船舶进出内河港口，应当向海事管理机构报告；办理船舶进出港报告应填写的内容包括船名、船籍港、航次、载客人数、船员职务、适任证书号；船舶进港报告与出港报告不可同时办理。

二、其他规定

船舶向海事管理机构报告的信息应当如实反映情况，并且对信息的完整性和真实性负责。当船舶报告的信息发生变化或与实际不符时，应重新办理进出港报告，并且在备注栏中注明原因。船舶应在航行日志内对办理进出港报告信息情况做相应的记载。船舶由于抢险、救生等紧急事由不能按照规定程序报告进港或出港信息时，应在任务完成后及时补办进出港报告。

三、特殊规定

固定航线、水域内航行的旅游船、渡船且单次航程不超过 2 小时的；港内作业船舶在港内作业时，都应进行进出港报告。另外，各省级海事管理机构可根据各地实际情况制定符合本地区实际情况的进出港报告规则。例如，河北省地方海事局规定船舶进出港报告频次：船舶每周一将每天的进出港信息集中向有关海事管理机构报告；春节、五一、国庆等国家法定节假日，辖区举办群众性活动及其他人员密集水上出行和作业活动期间，应每天至少报告一次进出港信息。

船舶如不按规定进行进出港报告，将被列为重点跟踪船舶。

四、船舶进出港报告台账

表 1-2　船舶进出港报告台账

日期	报告人	报告方式	船舶名称	船舶航次动态信息	在船人员信息			客货载运信息		备注
				航次数量	船员姓名	职务	适任证书编号	载客人数	货物种类及数量	

第四节　船用消防设备

船用消防设备是指船上用于灭火、防火及火灾事故的器材，分为水灭火系统和消防用品。船长大于 15 米的内河小型载客船舶（第五类客船除外）应设有水灭火系统。

表 1-3　内河小型船舶消防用品配备表

船长（米）	灭火器（9 升/只或 5 千克/只）		水桶（只）
	客船、货船（只）	非自航船（只）	
≤10	≥2	≥1	≥1
>10	≥3	≥2	≥2

注：①如采用泡沫灭火器，每只容量应大于且等于 9 升；如采用二氧化碳型或干粉灭火器，每只容量应大于且等于 5 千克；②1 只灭火器可用多只小型灭火器代替，但其总容量应不小于 9 升或 5 千克；③主机额定功率大于 40 千瓦的汽油机船应增加一只 9 升泡沫灭火器；④LPG 动力船应增加一只 8 千克的手提干粉灭火器；⑤载车处所应至少配备 2 只容量 9 升的泡沫灭火器或 2 只容量 5 千克的气体灭火器；⑥厨房应增加符合上表要求的灭火器，并且至少配备 1 条尺寸为 1 米×2 米的毛毯；⑦船长大于 15 米的船舶应配备容积大于且等于 0.03 立方米的砂箱 1 只、太平斧 1 把。

船用消防设备应按规定存放于相应位置，持有船用产品证书或经船舶检验机构认可。

图 1-4 足量的泡沫灭火器

第五节　船用救生设备

船舶救生设备是为救助落水人员或当船舶遇险时撤离乘员而在船上设置的专用设备及其附件的总称。

一、救生衣及个人救生浮具

船员和乘客（公务船为乘员）每人应配备 1 件救生衣或 1 件个人用救生浮具。载客船舶（公务船除外）应按乘客定额的 15%增配儿童救生衣，而且不得少于 1 件。其中，游览船应按乘客定额的 35%增配儿童救生衣。

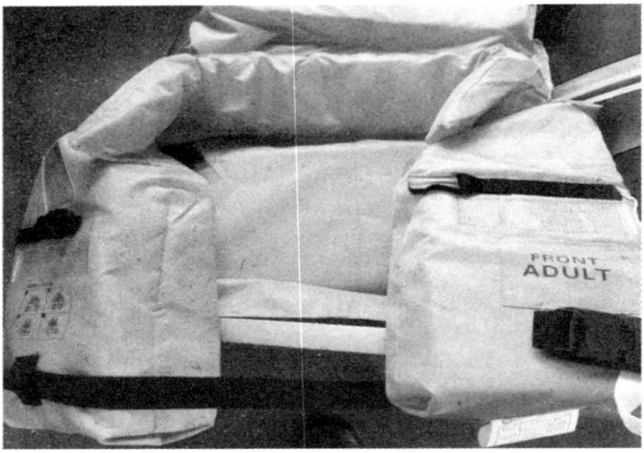

图 1-5　符合要求的救生衣

救生衣技术要求：

其一，成人救生衣的浮力必须能在淡水中浮起 9.5 千克的铁块达 24 小时；儿童救生衣的浮力必须能在淡水中浮起 5 千克的铁块达 24 小时。

其二，救生衣两面均可同样穿着使用，其构造应避免由于穿着错误而引起的一切危险。

其三，穿着救生衣的人在水里不做任何动作或失去知觉时，不会因前俯使脸部淹没于水中。

其四，穿着救生衣的人可转动身体至安全漂浮位置，使身体后倾仰卧，把脸部浮出水面。

其五，救生衣的帆布、尼龙布及合成纤维缚带应有足够的强度。救生衣靠近人员的颌部、颈部及腋部处应垫有软质海绵。

救生衣及个人救生浮具应持有船用产品证书，按船员及乘客分布安放在附近显而易见处。

二、救生圈配备及技术要求

表 1-4　内河小型船舶救生圈配备表

船舶种类	船长 l（米）或载客人数 n（人）	救生圈配置数量（个）
载客船舶	$l\leqslant 15$ 且 $n\leqslant 12$	全船≥2
	$L>15$ 或 $n>12$	每层甲板≥2①②③
其他船舶	$l\leqslant 15$	全船≥1
	$l>15$	全船≥2

注：①顶篷甲板若不作为乘客观光用时，不计甲板层数，半升高甲板不计甲板层数；②长度小于船长 40％的上层建筑或甲板室，按每层甲板至少配置 1 个救生圈；③全船应至少配置 2 个救生圈。

其一，具有不大于 800 毫米的外径及不少于 400 毫米的内径。

其二，采用自然浮力材料制成。

其三，能在淡水中支承不少于 14.5 千克的铁块达 24 小时。

其四，具有不少于 2.5 千克的质量。

其五，在被火完全包围 2 秒后，不致燃烧或继续融化。

其六，其构造应能经受从 30 米高度处投落水而不致损坏救生圈及其附件。

其七，设有直径不少于 9.5 毫米及长度不少于救生圈体外直径 4 倍的扶索 1 根。扶索应围绕在救生圈的周围，制牢在 4 个等距点上，形成 4 个等长的索环。

救生圈应持有船用产品证书，置于驾驶室或船舶操纵位置的两侧或前部且易于取用之处。

第六节　长度小于 5 米内河船舶的管理

长度小于 5 米的内河船舶不仅在船长、船型上区别于其他运输船舶，其更突出的特点还在用途和航速上。一方面，在安全要求上，其难于适用现行法律、法规的规定，航行、停泊及其船舶救生、消防等安全设备都不能依法对应配备；另一方面，其经营模式种类多不统一，不单单是船舶管理，还涉及航行水域的特殊性，需要加强对水域和经营人员的管理。从航行安全角度来讲，长度小于 5 米内河船舶也是内河船舶管理不容忽视的重要环节。

为此，河北省人民政府制定了《河北省内河交通安全管理规定》(2011 年 11 月 9 日省政府令〔2011〕第 12 号公布，自 2012 年 1 月 1 日起施行)，对长度小于 5 米的内河船舶的管理做了专门的规定，使对这部分船舶的管理从此步入了有法可依、依法管理的轨道。

一、长度小于 5 米内河船舶登记

长度小于 5 米内河船舶的登记是按照《河北省长度小于 5 米内河船舶登记办法（试行）》的规定实施的。长度小于 5 米的内河船舶主要是游乐船，是指用于水上游玩的非机动船（含帆船）、排筏、飘伞牵曳船、水上摩托、水上飞机、电瓶船、脚踏船等娱乐船舶、艇、筏。长度小于 5 米内河船舶登记工作的受理由各县（市、区）海事管理机构负责，县（市、区）未设置海事管理机构的由设区、市海事管理机构负责本辖区内船舶登记工作。海事管理机构对经船舶登记的长度小于 5 米的内河船舶应建立船舶登记簿，注明船舶基本信息。

（一）长度小于 5 米内河船舶名称的管理（采用序列编号形式）

1. 在通航水域航行的船舶，船名由两个汉字加五位阿拉伯数字组成，如冀保 00001。

2. 游客自己操纵的游乐船舶，船名由 3—4 个汉字加三位阿拉伯数字组成，其中的汉字可以是船舶种类，也可以是船舶活动水域，如脚踏船 001 或易水湖 001。但是，为避免船名重复，应以活动水域加数字命名为主。

（二）长度小于 5 米内河船舶登记的申请

1. 长度小于 5 米的内河船舶登记应具备以下条件：

（1）主要尺度：船长（船长指船舶的总长度）、船宽、船深。

（2）能够在通航水域航行或在海事管理机构划定的水域内活动。

（3）能够载运核定的货物或人员。

2. 船舶所有人申请船舶登记应提交下列材料：

（1）船舶登记申请书。

（2）船舶买卖合同或购船发票。

（3）船舶所有人的身份证件。

（4）船舶照片。

（5）申请人的身份证件和委托证明（委托办理时用）。

注：现有船舶的登记，如申请人无法提供规定的申请材料，由登记机关在船舶所在地码头张贴公告，5 日后无异议的，予以登记发证。

（三）长度小于 5 米内河船舶的变更登记

船舶登记项目发生变更时，船舶登记申请人应当持变更项目的证明文件和与变更项目有关的船舶登记证书，向船籍港船舶登记机关申请办理变更登记。

（四）长度小于 5 米内河船舶的注销登记

长度小于 5 米的内河船舶发生下列情况时，应办理船舶注销登记：

1. 船舶所有权发生转移。

2. 船舶灭失（含船舶拆解、船舶沉没）和船舶失踪。

二、长度小于5米内河船舶的航行和停泊

（一）航行要求

海事管理机构应根据船舶类型和水上功能区划要求，划定游乐船、漂流船艇（筏）的水域活动范围。游乐船、漂流船艇（筏）应当在地方海事管理机构划定的水域范围内从事营业性活动。在海事管理机构指定的水域航行不得有下列行为：

1. 不具备夜航条件的船舶夜间航行。

2. 非载客船从事载客活动。

3. 快艇做全速回转或大舵角转向等危险操作。

4. 相互追逐、竞驶及进行其他危及航行安全的活动。

5. 大风天气、雾天、主管机关认定的其他恶劣天气禁止航行。

6. 载客数超过核定人数。

（二）停泊要求

长度小于5米的内河船舶应与机动船舶分区域停泊。

三、船舶公司对长度小于5米内河船舶的管理

其一，应当在船上显著位置标明船名。

其二，船舶应当按规定配备救生设备；开敞式快艇、游乐船应当保证船上人员全部穿戴救生衣后方可开船。

其三，禁止船舶向通航水域排放油污、生活污水和固体废弃物。

其四，设置岸上安全员。

其五，保持船舶活动水域的安全、有序、畅通，不得有障碍物、暗桩等。

四、海事管理机构对长度小于5米内河船舶的监督管理

船舶应接受主管机关现场监督人员的检查和管理。其检查内容包括船舶交通安全管理责任制的落实情况；船舶检验证书；船舶登记证书；船员适任证书；船舶标识；载客情况；救生设备的配置情况；其他要求检查的内容。

五、河北省船长5米以下内河小船检验技术规则

河北省于2018年4月1日实施的《河北省内河船长小于5米船舶检验技术规则》修订版（河北省地方海事局以冀海事〔2018〕9号文发布，于2018年4月1日实施），参考了《内河小型船舶检验技术规则》(2016）的规定，在日常工作中需要明确以下几点：

（一）适用范围

适用于除军事船舶、渔船、帆船和运动竞赛艇、排筏、充气式艇筏、水上摩托、水上飞机等特殊型船舶、快艇外的其他船长小于5米的船舶。

（二）检验种类

初次检验、年度检验、船底外部检查、附加检验。

（三）检验间隔期

年度检验和船底外部检查的间隔期为一年。

（四）检验内容

1. 年度检验。

年度检验除参照船舶检验技术法规中年度检验的适用要求进

行检验外，还要参照换证检验项目中的适用要求，尤其应检查有关船体的水密完整性及其损伤、腐蚀、腐烂、磨耗情况和油漆、防护层和有关标志情况，检查船舶的动力推进系统的完整性和有效性。

2. 船底外部。

船底外部检查应当包括以下内容：

（1）检查船壳板有无裂纹、损伤及严重腐蚀；对纤维塑料船，检查船体层板有无龟裂和裂缝、发白及分层；对木质船舶，检查船体结构有无腐蚀、蛀蚀现象。

（2）检查舵、舵承、螺旋桨、轴封、水线以下开口及其阀件。

（3）对增强纤维塑料船，应当检查船壳板上的接地板是否完好。

（五）船舶救生设备

1. 船上所有乘员每人配备 1 件救生衣，另外至少配备 1 件儿童救生衣。

2. 船上至少配备救生圈 1 只。

（六）船舶消防设备

1. 非机动船舶应当至少配备 2 千克灭火器 1 只、带绳水桶 1 只。

2. 机动船舶应当至少配备 2 千克灭火器 2 只、带绳水桶 1 只。其中，主机额定功率大于 40 千瓦的汽油机船舶，还应当增加 1 只 5 升的泡沫灭火器；泡沫灭火器不能布置在围蔽的客舱内。

（七）船舶安全航行条件

1. 风力不超过 4 级。

2. 距岸不超过1千米航行。

3. 连续航行不超过2小时。

4. 船上所有乘员应当穿戴救生衣，坐在座位上。

5. 船上所有可移动物体应当可靠固定。

6. 船舶应当由持有海事管理机构核发证书的船员驾驶或操作。

第七节 船舶安全监督

船舶安全监督，是指海事管理机构依法对船舶及其从事的相关活动是否符合法律、法规、规章及有关国际公约和港口国监督区域性合作组织的规定而实施的安全监督管理活动。其主要包括两方面内容：一是日常一般性的船舶现场监督，即海事管理机构对船舶实施的日常安全监督抽查活动；二是传统意义上定期的船舶安全检查，即海事管理机构按照一定的时间间隔对船舶的安全和防污染技术状况、船员配备及适任状况、海事劳工条件实施的安全监督检查活动。

现场监督和船舶安全检查应紧密结合。一般性的现场监督作为一种抽查行为，是通过对码头、水域巡查及非安全检查的登轮检查来实现的，是最基础的日常工作。船舶安全检查是一种更细致、全面的监督抽查行为，但在实施过程中需要把握检查的时间间隔和对目标船的选择。

船舶安全监督的整个过程包含了海事机构、水运企业、船舶、船员、船舶检验机构等各自应当履行的责任和义务，构建的是一种新形势下的新的船舶安全监督体制，突出了船舶、水运企业的主体责任和船舶检验机构的技术保障作用。海事机构的抽查行为不免除或替代相关方应当履行的法律责任和义务。海事管理机构作为船舶安全监督的主管机关，在坚持船舶安全监督依法、公正、诚信、便民原则的基础上，依法实施监督管理和督促相关方落实责任。

一、安全监督目标船的选择

船舶现场监督的选船按优先级别分别为必检船、应检船和可检船。

海事管理机构要综合考虑船舶的类型、船龄、以往接受船舶安全监督的缺陷、航运公司安全管理情况等，按照规定的时间间隔，选择船舶实施船舶安全监督。

在对船舶安全监督时，应减少对船舶正常作业造成的不必要的影响。

二、船舶现场监督

船舶现场监督包括以下内容：

其一，船舶的自查情况。

其二，法定证书、文书配备及记录情况。

其三，船员配备情况。

其四，客货载运及货物系固绑扎情况。

其五，船舶防污染措施落实情况。

其六，船舶航行、停泊、作业情况。

其七，船舶进出港报告或办理进出港手续情况。

其八，按照相关规定缴纳费用情况。

三、船舶安全检查

（一）船舶安全检查的内容

1. 船舶配员情况。

2. 船舶、船员配备和持有有关法定证书、文书及相关资料情况。

3. 船舶结构、设施和设备情况。

4. 客货载运及货物系固绑扎情况。

5. 船舶保安相关情况。

6. 船员履行其岗位职责的情况，包括对与其岗位职责相关的设施、设备的维护保养和实际操作能力。

7. 海事劳工条件。

8. 船舶安全管理体系运行情况。

9. 法律、法规、规章及其他要求检查的内容。

（二）船舶检查的具体事项及要求

1. 船舶证书及有关文件检查。

（1）船舶证书及有关文件包括船舶检验证书、船舶国籍证书、内河船舶最低安全配员、船舶进出港报告及船舶自查清单。

（2）检查要求：检查各种证书是否在有效期内；检查各种证书是否与船舶实际相符；各种证书如有残破、撕毁、缺页或涂改，视为无效。

2. 船体检查。

（1）船舶标志要求：船首和船尾两舷要标明吃水标尺，船首两舷要标明船名（汉字和拼音），船尾下方要标明船籍港（汉字和拼音），两舷中部要标明载重线。

（2）干舷与载重线要求：检查船舶干舷与证书所载是否相符，核对载重线标志，看其位置是否正确，标志是否清晰。如发现船体强度、稳性、抗性影响干舷的变化，应要求船舶所有人向船舶检验部门申请重新核定载重线。

（3）外部检查：检查船体是否破损。

3. 舵设备检查。

（1）查看舵杆有无裂纹、弯曲、扭曲等缺陷。

（2）检查操舵是否可靠。

4. 锚设备检查。

检查锚链长度、材质是否与证书相符。

5. 救生设备检查。

（1）检查救生衣与救生圈的数量是否与证书相符。

（2）救生衣与救生圈的颜色应为橙黄色，应标明船名、船籍港。

（3）儿童救生衣要标有“儿童专用”字样。

（4）救生衣、救生圈应按规定位置放置并能随时取用。

（5）救生衣、救生圈的外部要完好无损。

6. 消防设备检查。

（1）消防设备的配备要与船舶证书相符。

（2）查看消防设备是否在有效期内。

（3）询问船员对消防设备的作用、使用方法是否了解。

7. 防污染结构设备的检查。

（1）是否安装油污水分离系统。

（2）垃圾存放装置是否与船舶证书相符。

8. 船员检查。

（1）船员职务适任证书是否与船舶种类、航区相一致。

（2）船员职务适任证书是否在有效期内。

（3）在快速船、渡船等特殊船舶上任职的船员除持有船员职务适任证书，还需通过特殊专业培训，取得特殊专业培训合格证书。

（4）询问船员有关安全航行及预险的应急措施。

海事行政执法人员在开展船舶安全监督时，船长应当指派人员配合。指派的配合人员应当如实回答执法人员提出的问题，并且按照要求测试和操纵船舶设施、设备。执法人员如发现问题，应立即启动安全检查程序对该船进行安全检查。

船舶在固定航线航行且单次航程不超过 2 小时的，无须每次开航前均进行自查，但一天内应当至少自查一次并填写《船舶开航前自查清单》。

海事管理机构完成船舶安全监督后要签发相应的《船舶现场监督报告》《船旗国监督检查报告》，由船长或履行船长职责的船员签名。《船舶现场监督报告》《船旗国监督检查报告》一式两份，一份由海事管理机构存档，一份留船备查。应当妥善保管《船舶开航前自查清单》《船舶现场监督报告》《船旗国监督检查报告》，并且在船上保存至少 2 年。

四、船舶安全缺陷处理

海事行政执法人员在船舶安全监督过程中发现船舶存在缺陷的，应当按照相关法律、法规、规章和公约的规定，采取下列处理措施：

其一，警示教育。

其二，开航前纠正缺陷。

其三，在开航后限定的期限内纠正缺陷。

其四，滞留。

其五，禁止船舶离港。

其六，限制船舶操纵。

其七，责令船舶驶向指定区域。

其八，责令船舶离港。

由于存在缺陷，被采取第四、五、六、八项措施的船舶，应当在相应的缺陷纠正后向海事管理机构申请复查。不申请复查的，在下次船舶安全检查时，由海事管理机构进行复查。复查合格的，海事管理机构应当及时解除相应的处理措施。

海事管理机构在实施船舶安全监督过程中，发现航运公司安全管理存在问题的，应当要求航运公司改正，并且将相关情况通报航运公司注册地海事管理机构。

五、船舶综合质量管理

海事管理机构应当建立统一的船舶综合质量管理信息平台，

收集、处理船舶相关信息，建立船舶综合质量档案。

（一）船舶综合质量管理信息平台应当包含的信息

1. 船舶基本信息。

2. 船舶安全与防污染管理相关规定落实情况。

3. 水上交通事故情况和污染事故情况。

4. 水上交通安全违法行为被海事管理机构行政处罚情况。

5. 船舶接受安全监督的情况。

6. 航运公司和船舶的安全诚信情况。

7. 船舶进出港报告或办理进出港手续情况。

8. 按照相关规定缴纳相关费税情况。

9. 船舶检验技术状况。

通过对以上信息的总结评定，确定船舶安全危险性的程度，作为船舶安全监督对船舶实施相应的监督检查的依据。

（二）需要建立的监督台账

1. 各项规章制度、档案、台账和记录，主要包括处罚文书、治理情况留存、文件收发、水域船舶船员台账、巡航记录、事故档案、应急救援预案、各种给予上级的汇报、反馈材料等。

2. 检查码头、渡口管理情况及安全提示、安全制度、安全宣传的落实情况。

3. 检查记录簿记录情况，对船舶缺陷的处理、复查、船舶签证情况，以及船舶证书、船员证件、船舶救生设备的情况。

4. 各种水上经营活动如漂流、水上摩托、水上其他活动等现场管理及档案管理情况。

5. 安全隐患专项治理的方案及总结材料。

6. 水上特殊时段的检查记录。

7. “三无”船的跟踪记录和治理。

8. 各项安全会议的会议纪要和决定。

第八节 船舶防污染管理

船舶污染，主要是指船舶在航行、停泊港口、装卸货物的过程中对周围水环境和大气环境产生的污染。主要污染物有含油污水、生活污水、船舶垃圾。

一、船舶污染的分类

（一）排放性的船舶污染

排放性的船舶污染亦称操作性污染，是指船舶有意识地将船舶污染物排入水中，即船舶排放的污染物超过防污标准，或者在禁区内排放污染物而造成的污染。在不正当排放中，大量污染行为是指排放油轮或油槽的压舱水、洗舱水及船底含油污水。由于船舶排放性污染发生的时间和地点极为分散，往往容易被忽视。

（二）事故性的船舶污染

事故性的船舶污染是指运载具有毒害物质的船舶在航行过程中因过失或疏忽或不可抗力、意外事故等导致船舶触礁、碰撞、搁浅、爆炸、起火等水上危难事故后，船载的有毒物质泄露进入水中而造成的污染。此种类型的船舶污染虽然发生率极低，但对当地水域环境造成的危害是特别巨大的。

无论是事故性船舶污染，还是经常性操作上的不正当排放污染，都会损害水域环境，其所造成的后果是非常严重的。

二、航运企业防污染职责

航运公司（船舶所有人、经营人）是防污染工作的第一责任人，在日常工作中必须做到以下几点：

其一，航运公司应当建立、健全防污染管理制度，完善防污染技术和设备条件，防止船舶污染水域环境。

其二，航运公司应当确定防污染管理的方针和目标，并且指定本公司主要负责人为防污染工作的第一责任人。

其三，航运公司应当具有适任的防污染管理人员，并且明确其岗位职责。

其四，航运公司应当建立教育培训制度，加强和规范防污染知识的教育和培训，确保相关人员熟悉防污染的有关规定和操作规程，掌握相应的操作技能，提高其对船舶防污染的应急反应能力。

其五，航运公司应当建立船舶防污染监督检查制度，确保对船舶及其设备进行有效的维护和保养。

其六，船舶所有人、经营人应当做到所有船的干净、整洁，设立垃圾回收体系，避免对水域造成污染。

三、码头的防污染要求

应当配备对含油污水和垃圾的接收与处理设施。其设施由码头经营单位负责建设和维护。

造船、修船、拆船和打捞船舶的单位，必须配备防污染设备和器材；进行作业时，应当采取预防措施，防止油类、油性混合物和其他废弃物污染水体。

四、船舶防污染的监督管理

海事管理机构应当建立、健全航运公司防污染的监督检查制度，对航运公司的防污染管理活动实施监督检查。应当对监督检查的情况和处理结果予以记录，由监督检查人员签字后归档。

海事管理机构实施监督检查时，有关单位和个人应当予以协助和配合，不得拒绝、妨碍或阻挠。

航运公司所在地海事管理机构发现航运公司在防污染管理方面存在安全隐患时，应当责令其立即消除或限期消除。

船舶发生事故，造成或可能造成水体污染的，当地海事机构应当组织强制打捞清除或强制拖航，由此支付的费用由肇事船方承担。

第九节 渡口渡船管理

渡口，是指道路越过河流以船渡方式衔接两岸交通的地点，包括码头、引道和管理设施；也指有船摆渡、过河的地方。

码头，又称渡头，是一条由岸边伸向水中的长堤，也可能只是一排由岸上伸入水中的楼梯，多数是人造的土木工程建筑物，也可能是天然形成的。

渡船，又称渡轮，是一种短程运输船舶，是航行于江河、湖泊、海峡及岛屿之间的运输船舶，主要用于载运旅客、货物、车辆渡过江河、湖泊、海峡。

一、渡口管理

（一）县乡地方人民政府及海事管理机构的安全管理职责

县级地方人民政府依据《中华人民共和国内河交通安全管理条例》，负责设置和撤销渡口的审批、建立、健全渡口安全管理责任制，指定负责渡口和渡运安全管理的部门。乡镇人民政府依据《中华人民共和国内河交通安全管理条例》和国务院相关规定履行乡镇渡口渡船的安全管理职责。

县级以上地方人民政府应当加强对内河渡口渡船安全管理工作的组织和领导。

各级海事管理机构依据各自职责对所辖内河水域内渡船的水上交通安全实施监督管理。

（二）渡口渡船安全管理原则

渡口、渡船安全管理要坚持“安全第一、预防为主、各负其责、服务民生”的原则。

（三）渡口的设置或撤销

依据《中华人民共和国内河交通安全管理条例》第三十五条，渡口的设置或撤销应当经渡口所在地人民政府征得当地海事管理机构意见后审批。渡运水域涉及两个或两个以上县级行政区域的，由渡口相关的人民政府协调处理并征求海事管理机构意见。严禁非法设置渡口。

（四）渡口设置具备的条件

1. 选址应在水流平缓、水深足够、视野开阔、适宜船舶停靠的地点。

2. 有货物装卸、旅客上下船的安全设施。

3. 具备救生、消防设备和专门的管理人员。

（五）渡口经营者的责任

1. 渡口经营者应在渡口设置明显的标志，其内容包括渡口名称、渡口批准机关、渡运路线、渡船船名、载客定额、乘客须知及《渡口守则》。

2. 向旅客宣传水上安全相关知识。

3. 根据乘客、车辆的流量，配备相应的管理服务人员维护渡运秩序。

4. 安排专人指挥乘客、车辆顺序上下船。

5. 制止乘客和车辆抢渡、抢档及其他违章渡运行为。

6. 渡船停稳靠牢后，方准上下旅客和车辆。

二 渡船、渡船船员管理

（一）渡船管理

1. 渡船要悬挂符合国家规定的渡船识别标志，并且在明显位置标明载客定额、抗风等级及旅客乘船安全须知等有关安全注意事项。

2. 渡船夜航要配备夜间航行设备和信号设备，不具备夜航技术条件的渡船，不得夜航。

3. 渡船应当定期维护保养，确保处于适航状态，并且按期申请检验。逾期未检验或检验不合格的，不得从事渡运。

4. 渡船要按照规定配备消防救生设备，放置在易取处，保持其随时可用。

5. 禁止水泥船、排筏、农用自用船、渔业船舶或报废船舶从事渡运。

（二）渡船船员管理

1. 渡船船员应当具备船员资格，持有相应船员证书。

2. 渡船船员每年都应参加由渡口经营人、乡镇人民政府或相关主管部门组织的至少 4 小时的安全培训。

3. 渡船船员要掌握渡船的适航状况，了解渡运水域的通航环境，以及相关水文、气象等信息。

4. 不得酒后驾驶，不得疲劳渡运。

5. 发现或发生影响渡运安全的突发事件，应当及时报告并尽力救助遇险人员。

三、渡船检查

（一）对检查人员的要求

明确负责人、任务，规范着装，带齐执法证件。

（二）海事机构检查应携带的文书和装备

《客渡运安全监管记录表》《水上交通安全隐患通知书》《水上交通安全隐患复查意见书》《水上交通安全责任落实通知书》及其他常用的行政执法文书；摄录像设备；通信设备；客渡运资料；等等。

（三）基础设施重点检查内容

1. 渡口码头的坡岸、道路是否硬化且完好。

2. 码头的安全设施是否完好。

3. 公示牌是否完好（是否标明渡口名称、批准机关、渡运线路、责任单位和人员、监管单位及报警电话等内容）。

4. 安全警示牌是否完好，是否标明安全须知或渡口守则、安全警示语等内容。

（四）登船检查重点检查内容

1. 证书是否齐全有效。

2. 渡船船体是否完好，动力、航行、系泊等设施设备是否正常，是否处于适航适渡状态。

3. 渡船灯光、声号设备是否完好（机动渡船）。

4. 渡船是否标有船籍港、船名、载重线、乘客定额、渡船标识。

5. 是否按规定配备救生设备，存放是否规范。

6. 是否按规定配备消防设备，存放是否规范。

7. 是否按规定办理签证，接受船舶安全检查。

（五）船员检查重点

1. 船员数量是否满足配员要求。

2. 船员证书是否有效。

3. 船员驾驶技能是否熟练。

4. 船员是否熟悉消防、救生等应急救援技能。

5. 船员是否具备必要的船舶积配载知识。

注：配载是指为具体船舶、具体航次正确选择货物、品种、数量和体积。积载是指配载确定后，将所配货物在各舱合理分配和堆、装。配载是积载的前提，要为积载创造便利条件；积载是

配载的继续。

（六）日常安全管理检查

1. 是否有人维护渡运秩序。

2. 汽车轮渡是否做到人车分离。

3. 载运危险品车辆是否专航次渡运。

4. 是否有超载运输、抢航等违法操作行为。

5. 恶劣天气是否停渡。

经现场检查，未发现渡运安全隐患和异常的，检查人员应在《渡口安全监督检查记录表》中逐条记录，不得缺项、漏项。

四、安全隐患的整改和治理

发现渡船、短途客船或旅游客船存在安全隐患可以当场纠正的，要求所有人、经营人当场整改，并且在《渡口安全监督检查记录表》中记录相关情况；不能当场整改的，检查人员应填制《水上交通安全隐患整改通知书》，明确整改方式和期限，并且由被检查单位、人员签收。

对存在重大缺陷依法应停航、滞留的渡船，海事检查人员应向本机构负责人报告，当场下达《禁止离港通知书》和《水上交通安全隐患整改通知书》，并且在返回单位后及时补办行政强制有关手续。

对发现的重大安全隐患的渡口渡船，还应通过书面形式向所在地的地方政府报告。

对违反水上交通安全管理法律、法规的行为，应当依法予以行政处罚。

地方海事机构应建立隐患排查整改制度，对限期整改的隐患，落实跟踪督促和复查措施。整改期满经复查合格的，及时注销该隐患；未完成整改的，责令继续整改，并且可依法给予行政处罚或采取行政强制措施。

对于重大安全隐患或逾期未整改的安全隐患，责令继续整改，并且除依法给予行政处罚或采取行政强制措施外，可以海事通报、专题报告、海事函等形式及时向相关地方人民政府、综合安全监管部门、上级海事机构及责任单位主管部门通报，对隐患实施综合整治，必要时建议对该隐患实施挂牌督办。

五、档案管理

建立客渡运监管工作档案和台账，每次检查后应如实记录检查情况、存在的问题及整改情况。

按照“一渡一档、一船一档”的要求，建立渡口、渡船、船员和日常安全管理档案。

定期对辖区内渡船、渡口、船员基础资料数据进行核查，督促县（区）地方海事处及时更新有关数据。

建立客渡运安全监管督查工作台账，记录上级领导督查情况。

及时对辖区客渡运管理情况进行汇总和分析，定期向市交通运输局和省地方海事局报告辖区客渡运管理情况。

第二章 船员管理

船员是指依照《中华人民共和国船员条例》（以下简称《船员条例》）的规定经船员注册取得船员服务簿的人员，包括船长、高级船员、普通船员。船员根据所持适任证书种类的不同可以被分为海船船员和内河船员。其中，内河船员职务资格包括一类（船长、大副、二副、三副；轮机长、大管轮、二管轮、三管轮）、二类和三类（船长、驾驶员；轮机长、轮机员）。内河船舶船长和担任驾驶部职务船员的类别按照船舶总吨位确定，担任轮机部职务船员的类别按照船舶主推进动力装置总功率确定，内河船舶中拖轮的船长和担任驾驶部职务船员的类别按照拖轮的主推进动力装置总功率确定。

第一节 船员职责和要求

船员认真履行职责，对保证船员自身和船舶上其他人员的人身和财产安全及维护水上交通安全、保护水域环境具有重要作用。

一、船员的基本职责

保障船舶航行安全是船员的最基本的职责，船舶航行安全是水上交通安全的重要组成部分。

（一）船舶自查内容

根据《中华人民共和国船舶安全监督规则》，船舶每次出行前均需要对船舶进行自查，内容如下：

1. 船舶证书、文书、图书资料、船员证书是否齐全有效。

2. 船舶配员是否满足最低配员要求。

3. 主机状况是否良好。

4. 个人救生设备（救生圈、救生衣、浸水保温服等）是否配备齐全，状况是否良好。

5. 灭火装置、个人消防装备状况是否良好。

（二）积极、正确指导乘客

维持乘客登船前后的秩序，正确指导和监督游客按照要求正确穿着救生衣，防止超载现象发生。在内河非水网地区，多为敞口式船舶航行，船员指挥游客平衡分布船舷两侧乘坐是保证船舶稳定性的重要操作。

（三）正规瞭望，确保安全航速

船舶航行时，船员应当保持正规瞭望，及时掌握航道、航标、来往船舶动态和周围环境，使船舶保持正确的安全航速。

（四）了解天气情况

及时了解航区内天气变化情况，确保航行顺利、安全。

二、船员防污染职责

防止船舶水域污染同样是船员的一项重要职责。

首先，提高防污染安全意识，明确认识防污工作的重要性。

其次，保证船舶污染设备符合国家规定的标准。

最后，遵守国家防止船舶污染环境的法律、法规和规章，监督游客不向船外乱扔垃圾。

三、安全救助职责和义务

其一，发现其他船舶遇险或求救，应立即采取一切有效措施进行救助，并且向海事管理机构报告。

其二，本船遇险时，应当采取一切应急措施进行自救，严守岗位进行抢救以减少损失，并且向海事管理机构报告。

其三，发现影响通航环境的情况，应及时报告海事管理机构。

其四，船员应当遵守船舶、浮动设施的所有人或经营人的管理制度。

其五，严禁违法指挥、违法操作和违法航行。

四、船员职业道德

船员职业道德是船员在从事航海事业、船舶驾驶过程中所应遵循的行为规范和必备的品德。船员职业的流动性、分散性使其遵纪守法的职业道德显得尤为重要。船员的道德水平直接表现在遵守水上交通安全法规上。如果不认真遵守各项交通安全法规，忽视安全生产，不但容易对他人造成伤害，还容易伤害自己。同时，在航行和靠泊过程中，一点微小的不道德行为就能引发严重的、无法挽回的后果。船员职业道德基本要求如下：

（一）遵纪守法

船员既要遵守国家基本的法律、法规，又要遵守水上交通安全的各项业务管理法律、法规、规章和规章性文件，包括安全生产的各项规章制度。

（二）履职尽责

1. 船员既要服从船舶公司的各项管理制度，又要服从乡镇政府和海事管理机构的管理。

2. 船员任职期间应妥善保管《船员服务簿》《船员适任证书》等相关证书，并且确保证书有效。

3. 船员应积极参加相关职责、法律法规、体系文件、应急演习和操作技能的培训，不断提高业务水平和服务水平，主动维护水上运输秩序。

（三）文明待客

1. 船员的仪表、语言和行为必须文明，不能使游客望而生畏，更不能为一时小利而欺客。

2. 对待个别游客的不文明行为要晓之以理，动之以情。船员要通过文明服务给游客留下美好的印象，使游客作为积极的媒介告诉社会，这里不但山美、水美，而且人更美，从而形成良性效应。

船员职业道德的建设是一项长期而复杂的系统工程，良好的职业道德也是保障船舶安全的重要条件。这就需要海事管理机构深入广泛地进行法制宣传教育，举办形式多样的水上交通法规学习班、培训班，从而提高船员的职业道德修养，使之懂法、守法，依法规范自己的行为，使“安全第一，预防为主”的指导思想成为船员的行为准则。

总之，船员管理部门在做好对船员的安全操作技术水平培训的同时，要根据辖区事故发生的规律和特点，强化典型事故案例选材；拓宽思路，主动作为，利用互联网资源不断扩大活动受益面，努力覆盖全体船员；要结合海事监管工作，做好典型事故案例宣讲；合理安排教育培训课程，拓展宣传教育方式，丰富教学内容，突出宣讲重点，大力开展商渔船碰撞、内河船涉海运输案例宣讲；要经常向船员宣传水上事故的惨痛教训和安全作业方法的重要作用，使船员能够从他人的事故中吸取教训，充分认识到安全是交通运输的生命，是经济效益和社会效益的根本，从而积极查找自身安全生产中存在的问题和隐患，克服侥幸心理和麻痹思想，把一切隐患消灭在萌芽状态。

第二节　船员培训管理

全国船员培训工作由交通运输部主管，中华人民共和国海事局负责统一实施船员培训管理工作，各级海事管理机构依照各自职责具体负责船员培训的监督管理工作、船员培训的具体项目，制定相应的培训大纲，并且统一由交通运输部按照国家有关法律、行政法规和我国缔结或加入的有关国际公约的规定，确定并向社会公布。

一、船员培训的类别

船员培训按照培训内容分为船员基本安全培训、船员适任培训和特殊培训三类。船员培训按照培训对象分为海船船员培训和内河船舶船员培训两类。

（一）船员基本安全培训

船员基本安全培训指船员在上船任职前接受的个人求生技能、消防、基本急救及个人安全和社会责任等方面的培训，包含以下培训项目：

1. 海船船员基本安全培训。

2. 内河船舶船员基本安全培训。

（二）船员适任培训

船员适任培训指船员在取得适任证书前接受的使船员适应拟任岗位所需的专业技术知识和专业技能的培训，包括船员岗位适任培训和船员专业技能适任培训。

船员岗位适任培训分为海船船员岗位适任培训和内河船舶船员岗位适任培训。

1. 海船船员岗位适任培训针对以下岗位人员：

（1）船长。

（2）轮机长。

（3）大副。

（4）大管轮。

（5）三副。

（6）三管轮。

（7）电子电气员。

（8）值班机工。

（9）值班水手。

（10）电子技工。

（11）全球海上遇险和安全系统（GMDSS）操作员。

（12）引航员。

（13）非自航船舶船员。

（14）地效翼船船员。

（15）游艇操作人员。

（16）摩托艇驾驶员。

2. 内河船舶船员岗位适任培训针对以下岗位：

（1）驾驶岗位。

（2）轮机岗位。

（3）引航岗位。

3. 船员专业技能适任培训仅针对海船船员，包含以下培训项目：

（1）精通救生艇筏和救助艇。

（2）精通快速救助艇。

（3）高级消防。

（4）急救。

（5）船上医护。

（6）保安意识。

（7）指定保安职责。

（8）船舶保安。

（9）船上膳食服务及辅助。

（三）船员特殊培训

船员特殊培训指针对在危险品船、客船、大型船舶等特殊船舶上工作的船员所进行的培训，分为海船船员特殊培训和内河船舶船员特殊培训。其中，海船船员特殊培训包含以下培训项目：

其一，油船和化学品船货物操作基本培训。

其二，油船货物操作高级培训。

其三，化学品船货物操作高级培训。

其四，液化气船货物操作基本培训。

其五，液化气船货物操作高级培训。

其六，客船船员特殊培训。

其七，大型船舶操纵特殊培训。

其八，高速船船员特殊培训。

其九，船舶装载散装固体危险和有害物质作业特殊培训。

其十，船舶装载包装危险和有害物质作业特殊培训。

其十一，使用气体或其他低闪点燃料船舶船员基本培训。

其十二，使用气体或其他低闪点燃料船舶船员高级培训。

其十三，极地水域船舶操作船员基本培训。

其十四，极地水域船舶操作船员高级培训。

其十五，水上飞机驾驶员特殊培训。

二、船员培训机构的审批

（一）培训机构建立的申请

培训机构申请从事船员培训业务，应当按照中华人民共和国船员服务管理的规定，针对不同的船员培训项目，申请并取得特定的船员培训许可，方可开展相应的船员培训业务。培训机构指依法成立的院校、企事业单位或社会团体。培训机构应当向中华人民共和国海事局提出申请并提交下列申请材料：

1. 开展船员培训的申请。
2. 统一社会信用代码证。
3. 培训场地、设施、设备的情况说明。
4. 教学人员的情况说明及证明材料。
5. 管理人员的情况说明及证明材料。
6. 法规、技术资料的配备情况说明。
7. 船员培训管理制度和安全防护制度文本。
8. 符合规定的船员培训质量控制体系的证明材料。

（二）船员培训申请的受理

船员培训申请的受理工作应当按照《交通行政许可实施程序规定》的有关要求办理。中华人民共和国海事局应当自受理申请之日起 30 日内，做出批准或不予批准的决定。予以批准的，发给《中华人民共和国船员培训许可证》（以下简称《船员培训许可证》）；不予批准的，书面通知申请人并说明理由。

中华人民共和国海事局在受理船员培训申请之后，根据法定条件和程序，需要对申请材料的实质内容进行核实的，可以委托交通运输部直属海事管理机构或省级地方海事管理机构对培训机构进行核查。核查的工作时间应当计入许可期限。

（三）《船员培训许可证》的内容

《船员培训许可证》应当载明培训机构的名称、注册地址、法定代表人、准予开展的船员培训项目、培训地点、有效期、培训规模及其他有关事项。

《船员培训许可证》的有效期为5年。

《船员培训许可证》记载事项发生变更的，培训机构应当向中华人民共和国海事局申请办理变更手续；增加培训项目的，应当按照本规则的规定重新提出申请。

（四）《船员培训许可证》实施中期核查制度

中华人民共和国海事局自《船员培训许可证》发证之日起第二周年至第三周年之间对培训机构开展中期核查。中华人民共和国海事局在中期核查过程中，可以要求培训机构提交下列材料：

1. 培训机构符合培训许可条件的说明材料。

2. 开展船员培训活动的情况说明。

3. 其他相关材料。

中期核查合格的，中华人民共和国海事局应当在《船员培训许可证》上进行签注；中期核查不合格的，中华人民共和国海事局应当责令其限期改正。培训机构在规定期限内未能改正的，中华人民共和国海事局应当依法撤销相应的《船员培训许可证》。

（五）《船员培训许可证》的延续

培训机构应当在《船员培训许可证》有效期届满之日30日以前，向中华人民共和国海事局申请办理《船员培训许可证》延续手续。中华人民共和国海事局应当自受理延续申请之日起30日内，做出批准或不予批准的决定。

申请办理《船员培训许可证》延续手续，应当提交下列材料：

1.《船员培训许可证》延续申请。

2. 开展船员培训的申请。

3. 统一社会信用代码证。

4. 培训场地、设施、设备的情况说明。

5. 教学人员的情况说明及证明材料。

6. 管理人员的情况说明及证明材料。

7. 法规、技术资料的配备情况说明。

8. 船员培训管理制度和安全防护制度文本。

9. 符合规定的船员培训质量控制体系的证明材料。

三、船员培训的实施

其一，培训机构应当按照《船员培训许可证》载明的培训项目、培训地点和培训规模开展船员培训。船员应当在取得《船员培训许可证》的培训机构完成规定项目的船员培训。

其二，培训机构应当按照交通运输部规定的船员培训大纲和水上交通安全、防治船舶污染等要求设置培训课程，制订培训计划并开展培训。培训机构开展培训的课程应当经过海事管理机构确认。

其三，培训机构所有的培训场地、设施、设备应当处于良好的使用状态，并且应当拥有足够的备用品，培训的易耗品应当得到及时补充，以保障培训的正常进行。

其四，从事船员培训的教员不得在两个以上的培训机构担任自有教员（指与培训机构所订立劳动合同的期限在1年以上的教员）。

其五，培训机构应当将《船员培训许可证》悬挂在经营场所的醒目位置，公示其培训项目、收费项目、收费标准及师资等情况。培训机构不得采取欺骗学员等不正当竞争手段开展培训、经营活动。

其六，培训机构在招生时应当向学员告知中华人民共和国海事局规定的有关培训项目中对船员年龄、持证情况、船上服务资历、见习资历、安全任职记录、身体健康状况等方面的要求。

其七，培训机构应当按照中华人民共和国海事局的规定对培训活动如实做好记录。

其八，培训机构应当在每期培训班开班3日前以书面或电子方式将培训计划报海事管理机构备案，备案内容应当包括培训规模、教学计划和日程安排、承担本期培训教学的教员情况及培训设施、设备、教材等准备情况。培训机构应当在每期培训班开班前将学员名册向海事管理机构备案。

其九，培训机构应当确保培训质量，有效运行船员培训质量控制体系，对质量控制体系进行定期内部审核，并且接受海事管理机构组织的外部审核，及时纠正发现的缺陷。

其十，培训机构应当为在本机构参加培训的学员建立培训档案，并且在培训结束后出具相应的《船员培训证明》。对培训出勤率低于规定培训课时90%的学员，培训机构不得出具培训证明。

其十一，学员完成培训并取得培训证明后，可以向海事管理机构申请相应培训项目的考试、评估。

其十二，对已按照规定完成培训且考试、评估合格的学员，由海事管理机构依据相关规定签发相应的考试、评估合格证明。

其十三，培训机构使用模拟器进行培训的，模拟器功能和性能标准由中华人民共和国海事局制定。其中，海船船员培训所使用的模拟器应当符合经修正的《1978年海员培训、发证和值班标准国际公约》的要求。使用模拟器培训前，培训机构应当充分进行测试以确保其与培训目标相适应。使用模拟器开展船员培训的教员，应当具有相应模拟器的实际操作经验，接受过使用相应模拟器教学的培训。

其十四，开展船上见习或知识更新培训的航运公司和相关机构，应当将船上培训计划、学员名单、负责指导和训练学员的船长及高级船员的名单和资历等信息报送海事管理机构。开展船上培训的航运公司和船舶，在保证船舶正常操作及航行、作业安全的情况下，应当按照《船上培训见习记录簿》所载培训项目的目标和要求或中华人民共和国海事局规定的船员知识更新大纲开展培训，并且保证承担教学和指导任务的船长、高级船员有适当的时间和精力从事相应的船上培训工作。航运公司应当为船员参加船员培训提供便利，建立船员培训制度，开展职业技能、职业道德、法制观念、安全责任和权益保护等方面的培训，不断提高船员素质。

其十五，采用远程教学和电子教学方式对船员进行培训的培训机构，应当保证提供安全的学习环境，并且使学员有充足的时间进行学习。远程教学和电子教学课程要与选定的目标和训练任务相匹配。

四、对船员培训机构的监督检查

海事管理机构应当建立健全船员培训监督检查制度，督促培训机构、航运公司等落实船员培训管理制度和安全防护制度。

海事管理机构应当配备中华人民共和国海事局规定的符合培训管理、考试、评估、发证要求的设备、资料，建立辖区内培训机构档案，对培训机构实施日常监督管理和业务指导。

海事管理机构应当对培训机构的船员培训情况开展随机抽查，但对经评估确认质量体系运行、培训质量和社会声誉良好的培训机构，可以降低随机抽查比例。抽查应当包括以下重点内容：

其一，教学计划的执行情况。

其二，承担本期培训教学任务的教员情况和授课情况。

其三，培训设施、设备、教材的使用、补充情况。

其四，培训规模与师资配备要求的符合情况。

其五，学员的出勤情况。

海事管理机构实施监督检查时，应当有 2 名以上执法人员参加并出示有效的执法证件。

海事管理机构实施监督检查，可以询问当事人，向有关培训机构或个人了解情况，查阅、复制有关资料，并且保守被调查培训机构的商业秘密或个人隐私。

海事管理机构实施监督检查应当做好相关记录并予以保存。

接受海事管理机构监督检查的培训机构或个人，应当如实反映情况和提供资料。

海事管理机构实施监督检查发现培训机构不再具备许可条件的，由海事管理机构责令限期改正。培训机构在规定期限内未能改正的，中华人民共和国海事局应当依法撤销其相应的《船员培训许可证》。

中华人民共和国海事局应当定期公布培训机构的学员考试及格率。

海事管理机构应当公开船员培训的管理事项、办事程序、举报电话、通信地址、电子邮件信箱等信息，自觉接受社会监督。

第三节 船员适任考试和发证

内河船员在船上任职，需经海事管理机构考试合格，取得相应的适任证书或其他适任证件后，才能担任船员职务。船员适任证书全称《中华人民共和国内河船舶船员适任证书》，是船员可以任职的船舶及可以任职的航区的重要凭证。目前，内河非水网地区主要涉及三类船员适任证书。

一、船员适任证书的基本内容

其一，持证人姓名、性别、出生日期。

其二，证书类别、编号。

其三，持证人职务资格、适任的航区（线）。

其四，证书签发日期和有效期截止日期。

其五，发证机构。

其六，其他需要规定的内容。

图 2-1　适任证书式样（2010 版）

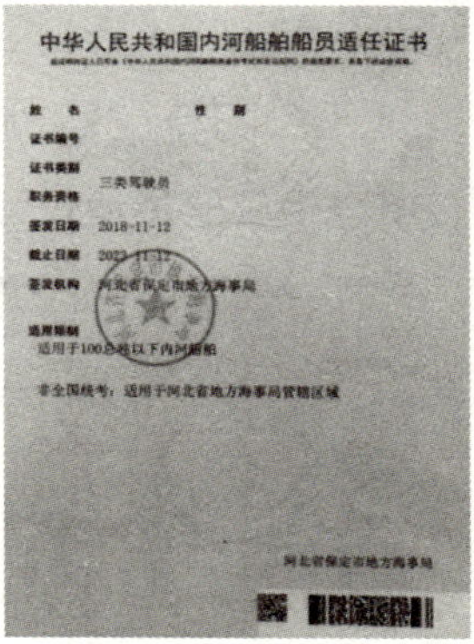

图 2-2　适任证书式样（2015 版）

船员适任证书由国家海事管理机构统一印制。

二、船员适任证书的类别

（一）类别

船员适任证书按照船员任职的内河船舶的总吨位或主推进动力装置总功率被分为以下几类：

一类适任证书：适用于在 1000 总吨及以上或 500 千瓦及以上的内河船舶上任职的船员。

二类适任证书：适用于在 300 总吨及以上至 1000 总吨或 150 千瓦及以上至 500 千瓦的内河船舶上任职的船员。

三类适任证书：适用于在 300 总吨以下或 150 千瓦以下的内河船舶上任职的船员。

（二）职务资格

一类适任证书：船长、大副、二副、三副；轮机长、大管轮、二管轮、三管轮。

二类和三类适任证书：船长、驾驶员；轮机长、轮机员。

三、申请相应船员适任证书应具备的条件

其一，符合国家海事管理机构规定的内河船舶船员适任岗位健康标准。

其二，经过与所申请适任证书类别、职务资格相对应的内河船舶船员适任培训。

其三，通过海事管理机构规定科目的内河船舶船员适任考试。

其四，具备规定的内河船舶船员有效水上服务资历，并且任职表现和安全记录良好。

四、船员适任考试报名

（一）报名材料

申请参加适任考试的人员应当向具有相应考试权限的考试机构提交以下材料：

1. 适任考试报名表，主要包括考生基本情况、报考适任证书类别、职务资格、航区（线）、任职资历等内容。

2. 申请人身份证明。

3. 船员服务簿。

4. 符合要求规格和数量的照片。

（二）船员考试内容

1. 适任考试分为理论考试和实际操作考试。

2. 理论考试以理论知识为主要考试内容，重点对内河船舶船员专业知识的掌握和理解程度进行测试。

3．实际操作考试通过对相应船舶、模拟器或其他设备进行操作等方式，对内河船舶船员专业知识综合运用、操作及应急等能力进行技能测评。

图 2-3　船员适任理论考试现场

图 2-4　船员适任实操考试现场

五、船员适任考试

考试机构于适任考试开始 5 日前向报名参加适任考试的人员

发放考试通知书，告知考试的时间、地点及查询考试成绩的途径等事项。

适任考试任一科目不合格的，可以自初次适任考试通知书签发之日起 3 年内申请补考；逾期不能通过全部科目理论考试和实际操作考试的，所有科目理论考试和实际操作考试成绩失效。

考试机构应当在理论考试或实际操作考试结束后 30 日内公布考试成绩，考试成绩合格后可持成绩通知书到所辖水域申请适任证书。合格的适任考试成绩自初次适任考试通知书签发之日起 5 年内有效。

需要注意的是，2019 年 3 月 6 日，国务院发布了《国务院关于取消和下放一批行政许可事项的决定》（国发〔2019〕6 号），取消了船员服务簿签发的行政许可，规定对通过船员适任证书核发的船员直接发放《船员服务簿》。新的《船员服务簿》作为船员个人持有的法定文书，主要承载船员档案功能，记录船员履职情况。

六、船员适任证书的重新签发

（一）船员适任证书到期的重新签发

1. 2015 版证书在有效期届满前 1 年内向具有原适任证书发证权限的发证机构申请重新签发。

2. 2010 版证书在有效期届满后不超过 3 个月，可直接申请重新签发。

（二）证书过期重新签发

过期重新签发除应当符合内河船舶船员适任岗位健康标准外，

还应当通过国家海事管理机构规定的同类别、同职务资格的内河船舶船员考试：

1. 适任证书过期不超过5年的，需参加同类别、同职务实操考试。

2. 适任证书过期超过5年的，需参加同类别、同职务理论加实操考试。

（三）证书遗失后的补发

适任证书损坏、遗失需补发的，持证人应当向原发证机构申请；适任证书被依法扣留期间，持证人不得申请补发适任证书。

申请适任证书补发的，应当向原发证机构提交下列材料：

1. 内河船舶船员适任证书申请表。

2. 申请人身份证明。

3. 因适任证书遗失而申请补发的，应提交适任证书遗失情况说明。

4. 因适任证书损坏而申请补发的，应提交适任证书原件。

5. 适任证书被依法扣留期间，持证人不得申请补发适任证书。

第四节 最低安全配员

对船舶配备船员进行管理是为船舶在航行和停泊时配备足以保证船舶安全的船员，防止船员疲劳操作，保障水上人命与财产的安全，保护水域环境清洁的需要。中华人民共和国海事局是船舶配备船员管理的主管机关，各级海事管理机构依照职责负责本辖区内的船舶安全配员的监督管理工作。

船舶所有人（或者其船舶经营人、船舶管理人，下同）应当按照船员最低配员规则的要求，为所属船舶配备合格的船员，但是并不免除船舶所有人为保证船舶安全航行和作业增加必要船员的责任。

一、最低安全配员原则

确定船舶最低安全配员标准应综合考虑船舶的种类、吨位、技术状况、主推进动力装置功率、航区、航程、航行时间、通航环境和船员值班、休息制度等因素。

船舶在航行期间，应配备不低于船舶最低安全配员标准所确定的船员构成及数量。高速客船的船员最低安全配备应符合交通部颁布的《高速客船安全管理规则》的要求。海事管理机构在核定具体船舶的最低安全配员数额时，如认为配员减免后无法保证船舶安全，可不予减免或不予足额减免；船舶所有人可以根据需要增配船员，但船上总人数不得超过该船《船舶检验证书》核定的救生设备定员标准。

二、《船舶最低安全配员证书》的申请

《船舶最低安全配员证书》是依船舶所有人或经营人申请，由海事机关依法签发的规范船舶最低配员的证书。《船舶最低安全配员证书》是船舶必须随船携带的船舶证书之一，可与《船舶国籍证书》同时申请。船舶所有人应当在申请船舶国籍登记时，对其船舶的最低安全配员情况予以陈述。海事管理机构应当在依法对船舶国籍登记进行审核时，核定船舶的最低安全配员，并且在核发《船舶国籍证书》时，向当事船舶配发《船舶最低安全配员证书》。

海事管理机构核定船舶最低安全配员时，除查验有关船舶证书、文书外，可以就船舶的种类、吨位、技术状况、主推进动力装置功率、航区、航程、航行时间、通航环境和船员值班及休息制度等因素对船舶的实际状况进行现场核查。

三、《船舶最低安全配员证书》的管理

船舶在航行、停泊、作业时，必须将《船舶最低安全配员证书》妥善存放在船备查。船舶不得使用涂改、伪造及采用非法途径或舞弊手段取得的《船舶最低安全配员证书》。船舶所有人应当按照规定和《船舶最低安全配员证书》载明的船员配备要求，为船舶配备合格的船员。船舶所有人应当在《船舶最低安全配员证书》有效期截止前 1 年以内，或者在《船舶国籍证书》重新核发或相关内容发生变化时，凭原证书到船籍港的海事管理机构办理换发证书手续。

证书污损不能辨认的，视为无效，船舶所有人应当向所辖的海事管理机构申请换发。证书遗失的，船舶所有人应当书面说明理由，附具有关证明文件，到船籍港的海事管理机构办理补发证书手续。换发或补发的《船舶最低安全配员证书》的有效期不超过原发的《船舶最低安全配员证书》的有效期。

船舶状况发生变化需改变证书所载内容时，船舶所有人应当到船籍港的海事管理机构重新办理《船舶最低安全配员证书》。在特殊情况下，船舶需要在船籍港以外换发或补发《船舶最低安全配员证书》，经船籍港海事管理机构同意，船舶当时所在港口的海事管理机构可以按照规定予以办理并通报船籍港海事管理机构。

四、内河船舶最低安全配员标准

（一）一般船舶最低安全配员标准

表 2-1　一般船舶船长和甲板部最低安全配员标准

总吨位	一般规定	附加规定
总吨位 3000 及以上	船长 1 人、大副 1 人、二副或三副 1 人、普通船员 1 人	连续航行作业时间超过 16 小时，须增加二副或三副 1 人、普通船员 1 人
总吨位 1000 及以上至未满 3000	船长 1 人、大副或二副 1 人、普通船员 1 人	连续航行作业时间超过 16 小时，须增加三副 1 人
总吨位 600 及以上至未满 1000	船长 1 人、驾驶员 1 人	连续航行作业时间超过 16 小时，须增加驾驶员 1 人；连续航行作业时间不超过 10 小时或定线航行航程不超过 100 公里的船舶，可减免驾驶员 1 人
总吨位 300 及以上至未满 600	船长或驾驶员 1 人（集装箱船、多用途船舶须为船长 1 人、普通船员 1 人）	连续航行作业时间超过 10 小时，须增加驾驶员 1 人
总吨位 100 及以上至未满 300	船长或驾驶员 1 人（集装箱船、多用途船舶须为船长 1 人）	连续航行作业时间超过 10 小时，须增加驾驶员 1 人
总吨位 100 以下	驾驶员 1 人	连续航行作业时间超过 10 小时，须增加驾驶员 1 人

表 2-2 一般船舶轮机部最低安全配员标准

主机总功率	一般规定	附加规定
500 千瓦及以上	轮机长 1 人、大管轮或二管轮或三管轮 1 人	连续航行作业时间超过 16 小时，须增加普通船员 1 人
150 千瓦及以上至未满 500 千瓦	轮机长或轮机员 1 人	无
75 千瓦及以上至未满 150 千瓦	普通船员 1 人	无
75 千瓦以下	无	无

（二）客船类、液货船类船舶最低安全配员标准

表 2-3 客船类、液货船类船舶船长和甲板部最低安全配员标准

总吨位	一般规定		附加规定	
	客船类	液货船类	客船类	液货船类
总吨位 2000 及以上	船长 1 人、大副 1 人、二副 1 人、普通船员 2 人	船长 1 人、大副 1 人、二副或三副 1 人、普通船员 2 人	连续航行作业时间不超过 4 小时，可减免二副 1 人；连续航行作业时间超过 10 小时，须增加二副 1 人、普通船员 1 人	连续航行作业时间超过 16 小时，须增加二副或三副 1 人、普通船员 1 人
总吨位 1000 及以上至未满 2000	船长 1 人、大副 1 人、普通船员 2 人	船长 1 人、大副 1 人、普通船员 2 人	连续航行作业时间超过 10 小时，须增加二副 1 人；连续航行作业时间超过 16 小时，须再增加二副 1 人、普通船员 1 人	连续航行作业时间超过 16 小时，须增加三副 1 人

续表

总吨位	一般规定		附加规定	
	客船类	液货船类	客船类	液货船类
总吨位600及以上至未满1000	船长1人、驾驶员1人、普通船员2人	船长1人、驾驶员1人、普通船员2人	连续航行作业时间超过10小时，须增加驾驶员1人	连续航行作业时间超过16小时，须增加驾驶员1人
总吨位300及以上至未满600	船长1人、驾驶员1人、普通船员1人	船长1人、普通船员1人	连续航行作业时间超过10小时，须增加驾驶员1人	连续航行作业时间超过10小时，须增加驾驶员1人
总吨位100及以上至未满300	船长1人、普通船员1人	船长1人	连续航行作业时间超过10小时，须增加驾驶员1人	连续航行作业时间超过10小时，须增加驾驶员1人
总吨位100以下	驾驶员1人	驾驶员1人	连续航行作业时间超过10小时，须增加驾驶员1人	连续航行作业时间超过10小时，须增加驾驶员1人

表2-4　客船类、液货船类轮机部最低安全配员标准

主机总功率	一般规定
500千瓦及以上	轮机长1人、大管轮或二管轮或三管轮1人、普通船员1人
150千瓦及以上至未满500千瓦	轮机长或轮机员1人、普通船员1人
75千瓦及以上至未满150千瓦	普通船员1人
75千瓦以下	无

第五节　船员违法记分管理

船员违法记分，是指针对船员违反水上交通安全和防治船舶污染水域法律、行政法规行为实施的累计计分。依据《中华人民共和国船员违法记分办法》，海事机构只对船员违反水上交通安全和防治船舶污染水域有关法律、行政法规这两类行为实施记分。

实施船员违法记分在加强船员证后跟踪管理、增强船员遵守法律意识、减少人为因素对水上交通安全和防治船舶污染水域的影响等方面发挥了非常重要的作用。各级海事管理机构依照各自职责具体开展船员违法记分工作。

一、违法记分的周期

船员累计记分周期（即记分周期）为 1 个公历年，满分 15 分，自每年 1 月 1 日始至 12 月 31 日止。

二、违法记分的分值及管理

根据船员违法行为的严重程度，一次船员违法记分的分值为 15 分、8 分、4 分、2 分、1 分五种。

船员在一个记分周期内累计记分达到 15 分的，最后实施船员违法记分的海事管理机构应当扣留其船员适任证书，责令其参加为期 5 日的水上交通安全、防治船舶污染等有关法律、行政法规的培训（以下简称“法规培训”）并进行相应的考试。

船员在一个记分周期内两次及以上达到 15 分，或者在连续 2 个记分周期内分别达到 15 分，或者连续 2 个记分周期内累计记分达到 40 分的，最后实施船员违法记分的海事管理机构应当扣留其船员适任证书，责令其参加法规培训和考试。考试内容除理论部分外，还包括船员适任能力考核。

船员服务簿记分附页

姓　名

服务簿印刷号

注册号码

签发机关

签发日期

№ 2040451

中华人民共和国海事局制发

记分分值	记分时间	原　因	记分单位	执法证号

图 2-5　船员服务簿记分附页式样

三、违法记分的相关培训和考试

船员需参加法规培训的，可向最后被实施船员违法记分地、船员注册地或船员适任证书签发地的海事管理机构报名。海事管理机构收到船员的报名后，对符合上款规定的应在 15 个工作日内组织培训。法规培训应包括水上交通安全和防治船舶污染等管理法规、安全知识的教育和海事案例等内容。

被扣留船员适任证书的船员经相应考试合格后，海事管理机构应发还其船员适任证书，记分分值重新起算。被扣留船员适任证书的船员未经考试合格的，不得在船舶上继续服务。

四、船员违法记分分值标准

表 2-5　内河船舶船员水上交通安全类违法记分分值标准

代码	行为名称	对象	分值	法律依据
21001	在船在岗期间饮酒，体内酒精含量超过规定标准的；在船在岗期间，服用国家管制的麻醉药品或精神药品的	饮酒者 食药者	15	《船员条例》第二十条
21003	由他人代替参加考试或代替他人参加考试的	当事船员	15	《内河交通安全管理条例》第九条
21004	船舶、浮动设施发生水上交通事故后逃逸的	船长	15	《内河交通安全管理条例》第四十六条第二款
21005	转让、买卖或租借船员适任证书的	当事船员	15	《内河交通安全管理条例》第十三条
21006	发现或发生险情、事故、保安事件或影响航行安全的情况未及时报告的	船长	8	《船员条例》第二十条
21007	在遇险现场和附近的船舶、船员不服从海事管理机构的统一调度和指挥的	船长及值班驾驶员	8	《内河交通安全管理条例》第四十九条第二款
21008	船舶、浮动设施未持有检验证书，擅自航行或作业的	船长	8	《内河交通安全管理条例》第六条第（一）项、第七条第（一）项
21009	滚装船装载超出检验证书核定的车辆数量的	大副或责任驾驶员	8	《内河交通安全管理条例》第二十一条第二款

续表

代码	行为名称	对象	分值	法律依据
21010	超乘客定额载运旅客的	船长	8	《内河交通安全管理条例》第二十一条第二款
21011	船舶遇有不符合安全开航条件的情况而冒险开航的	船长	8	《内河交通安全管理条例》第八条第一款
21012	船舶超过核定航区航行的	值班驾驶员	8	《内河交通安全管理条例》第八条第一款
21015	船舶擅自进入或穿越海事管理机构公布的禁航区的	船长	8	《内河交通安全管理条例》第二十条第二款
21016	船员未遵守值班规定，擅自离开工作岗位的	当事船员	8	《船员条例》第二十条
21017	船员考试作弊的	作弊船员	8	《内河交通安全管理条例》第九条
21018	超核定载重线载运货物的；不遵守船舶、设施的配载和系固安全技术规范的	大副或责任驾驶员	4	《内河交通安全管理条例》第八条、第二十一条
21019	未按照规定擅自夜航的	船长	4	《内河交通安全管理条例》第十七条第四款
21022	未按照规定保障船舶的最低安全配员的	船长	4	《船员条例》第二十二条第三项
21023	船舶进出港口和通过交通管制区、通航密集区或航行条件受限制区域，未遵守海事管理机构发布的有关规定的	船长	4	《内河交通安全管理条例》第二十条第一款
21024	不遵守海事管理机构发布的在能见度不良时航行规定的	值班驾驶员	4	《内河交通安全管理条例》第十七条第四款

续表

代码	行为名称	对象	分值	法律依据
21026	未按照规定悬挂国旗，标明船名、船籍港、载重线，或者遮挡船名、船籍港、载重线的	船长	4	《内河交通安全管理条例》第十四条第一款
21027	在内河通航水域，未按照规定进行试车、试航并进行备案的	船长	4	《内河交通安全管理条例》第二十八条第（四）项
21031	船员在船工作期间未携带规定的有效证件的	未带证船员	2	《船员条例》第二十条第（一）项
21032	游艇操作人员操作游艇时未携带合格的适任证书的	操艇员	2	《游艇安全管理规定》第十五条第三款
21033	未采用安全航速航行的	值班驾驶员	2	《内河交通安全管理条例》第十五条第（一）款
21034	未按照规定的航路或航行规则航行的	值班驾驶员	2	《内河交通安全管理条例》第十六条、第十七条
21036	未按照规定倒车、掉头、追越的	值班驾驶员	2	《内河交通安全管理条例》第十七条第四款
21037	船舶在内河航行、停泊或作业，不遵守海事管理机构发布的有关航行、避让和信号规则规定的	值班驾驶员	2	《内河交通安全管理条例》第十七条第四款
21038	船舶在内河航行、停泊或作业，不遵守海事管理机构发布的航行通告、航行警告规定的	值班驾驶员	2	《内河交通安全管理条例》第十七条第四款

续表

代码	行为名称	对象	分值	法律依据
21040	游艇的航行水域超出检验证书所确定的适航范围的	操艇员	2	《游艇安全管理规定》第十七条第一款
21042	在内河通航水域，在非锚地、非停泊区进行编、解队作业，不按照规定备案的	船长	2	《内河交通安全管理条例》第二十八条第（四）项
21043	应申请许可证而未取得，擅自进行水上水下活动的	船长	2	《内河交通安全管理条例》第二十五条第一款
21044	在内河通航水域检修影响船舶适航性能设备，不按照规定备案的	船长	2	《内河交通安全管理条例》第二十八条第（四）项
21045	在内河通航水域或岸线上进行有关作业或活动未经批准或备案，或者未设置标志、显示信号的	值班驾驶员	2	《内河交通安全管理条例》第二十五条、第二十八条和第二十九条
21046	在内河通航水域检修通信设备和消防、救生设备，不按照规定备案的	船长	1	《内河交通安全管理条例》第二十八条第（四）项
21047	游艇未在海事管理机构公布的专用停泊水域或停泊点停泊，或者临时停泊的水域不符合《游艇安全管理规定》的要求的	操艇员	1	《游艇安全管理规定》第二十条

表 2-6　内河船舶船员防治船舶污染类违法记分分值标准

代码	行为名称	对象	分值	法律依据
22001	船舶发生污染水域事故，未按照污染事故应急计划的程序和要求采取相应措施的	船长	15	《中华人民共和国水污染防治法》（以下简称《水污染防治法》）第六十八条；《防治船舶污染内河水域环境管理规定》第四十五条
22002	向水体倾倒船舶垃圾或排放船舶的残油、废油的	大副或轮机长及责任船员	15	《水污染防治法》第五十二条
22003	船舶发生污染水域事故，未立即向最近海事管理机构如实报告的	船长	8	《水污染防治法》第六十八条；《防治船舶污染内河水域环境管理规定》第四十五条
22004	船舶排放含油污水、生活污水，不符合船舶污染物排放标准的	船长、大副或轮机长及责任船员	8	《水污染防治法》第五十二条第一款
22006	载运危险化学品的船舶在内河航行、装卸或停泊，未悬挂专用的警示标志，或者未按照规定显示专用信号的	值班驾驶员	4	《内河交通安全管理条例》第三十三条；《危险化学品安全管理条例》第六十一条

第六节　船员服务机构管理

船员服务，是指代理船员办理申请培训、考试、申领证书（包括外国船员证书）等有关手续，代理船员用人单位管理船员事务，为船舶提供配员等相关活动。中华人民共和国海事局负责统一实施船员服务管理工作。海船船员服务管理工作由交通运输部直属海事管理机构具体负责；内河船舶船员服务管理工作由交通运输部直属海事管理机构、地方海事管理机构具体负责。

一、船员服务机构的分类

船员服务机构分为内河船舶船员服务机构和海船船员服务机构两类。海船船员服务机构又分为甲级、乙级两类。

内河船舶船员服务机构，是指为内河船舶船员提供船员服务的机构。

甲级海船船员服务机构，是指为国际航行和国内航行海船船员提供各项船员服务的机构。

乙级海船船员服务机构，是指为国内航行海船船员提供船员服务的机构。

二、从事内河船舶船员服务业务的机构应当符合的条件

其一，在中华人民共和国境内依法设立的法人。

其二，有不少于 100 平方米的固定办公场所。

其三，有 2 名以上具有内河一等、二等船舶高级船员任职资历的专职管理人员和 2 名以上专职业务人员。

其四，按照中华人民共和国海事局的规定，建立船员服务质量管理制度、人员和资源保障制度、教育培训制度、应急处理制度和服务业务报告制度等内河船舶船员服务管理制度。

从事内河船舶船员服务业务的服务机构，应当自开业之日起 15 日内，持企业法人营业执照复印件、场地证明、人员资质证明和相应的管理制度向该机构工商注册地的交通运输部直属海事管理机构或地方海事管理机构备案。

三、从事甲级海船船员服务业务的机构应当符合的条件

其一，在中华人民共和国境内依法设立的法人。

其二，有不少于300平方米的固定办公场所。

其三，有2名以上具有海船甲类一等高级船员任职资历的专职管理人员和5名以上专职业务人员。

其四，从事乙级海船船员服务业务3年以上，并且最近3年来为国内沿海船舶提供配员500人以上。

其五，按照中华人民共和国海事局的规定，建立船员服务质量管理制度、人员和资源保障制度、教育培训制度、应急处理制度和服务业务报告制度等海船船员服务管理制度。

四、从事乙级海船船员服务业务的机构应当符合的条件

其一，在中华人民共和国境内依法设立的法人。

其二，有不少于150平方米的固定办公场所。

其三，有2名以上具有海船甲类、乙类和丙类一等高级船员任职资历的专职管理人员和2名以上专职业务人员。

其四，按照中华人民共和国海事局的规定，建立船员服务质量管理制度、人员和资源保障制度、教育培训制度、应急处理制度和服务业务报告制度等海船船员服务管理制度。

五、申请从事海船船员服务业务的机构应当提交的材料

其一，设立海船船员服务机构的申请文书。

其二，企业法人营业执照复印件。

其三，专职管理人员的船员适任证书复印件或相关证明材料。

其四，拟设立机构的人员组成、职责等情况的说明材料。

其五，船员服务相关管理制度文件。

其六，为国内沿海船舶提供配员的证明材料（仅适用于甲级海船船员服务机构申请人）。

其七，其他相关证明材料。

申请人在提供企业法人营业执照和专职管理人员的船员适任证书复印件时，应当向海事管理机构出示原件。

海船船员服务机构的申请和受理工作应当按照《交通行政许可实施程序规定》的有关要求办理。

申请甲级海船船员服务业务，应当向中华人民共和国海事局提出。

申请乙级海船船员服务业务，应当向该机构工商注册地的交通运输部直属海事管理机构提出。该机构工商注册地没有交通运输部直属海事管理机构的，应当向中华人民共和国海事局指定的交通运输部直属海事管理机构提出。

六、船员服务机构的管理

海事管理机构应当自受理申请之日起 30 日内做出批准或不予批准的决定。予以批准的，发给《海船船员服务机构许可证》；不予批准的，书面通知申请人并说明理由。

《海船船员服务机构许可证》上应当载明船员服务机构编号、名称、法定代表人姓名、地址、服务范围、有效期及其他有关事项。《海船船员服务机构许可证》的有效期为 5 年。

《海船船员服务机构许可证》记载的事项发生变更的，船员服务机构应当到发证机构办理变更手续。变更服务范围的，应当重新提出申请。

《海船船员服务机构许可证》实施中期核查制度。中期核查应当自《海船船员服务机构许可证》发证之日起第 2 周年至第 3 周年之间进行。申请《海船船员服务机构许可证》中期核查，船员服务机构应当提交下列材料：

其一，中期核查申请文书。

其二，船员服务机构的资质符合情况说明材料。

其三，开展船员服务业务的情况说明。

其四，其他证明材料。

中期核查合格的，海事管理机构应当在《海船船员服务机构许可证》上进行签注；中期核查不合格的，海事管理机构应当责令限期改正。

船员服务机构应当在《海船船员服务机构许可证》届满之日 30 日以前申请办理《海船船员服务机构许可证》延续手续。申请办理《海船船员服务机构许可证》延续手续，应当提交下列材料：

其一，《海船船员服务机构许可证》延续申请。

其二，企业法人营业执照复印件。

其三，专职管理人员的船员适任证书复印件或相关证明材料。

其四，拟设立机构的人员组成、职责等情况的说明材料。

其五，船员服务相关管理制度文件。

海事管理机构应当办理《海船船员服务机构许可证》注销手

续的情形：

其一，申请注销。

其二，法人依法终止。

其三，《海船船员服务机构许可证》被依法撤销或吊销。

七、船员服务机构的权利与义务

依法与船员签订劳动合同的单位，为船员用人单位。使用未与船员用人单位解除劳动合同船员的单位，为船员用工单位。

船员服务机构向船员用人单位或船员用工单位提供船员服务，应当签订船舶配员服务协议或劳务派遣协议。船舶配员服务协议应当明确船员的劳动报酬、工作时间和休息休假、遣返方式和费用、意外伤亡保险和社会保险、违反协议的责任等，并且将船舶配员服务协议的内容告知有关船员。劳务派遣协议应当约定被派遣船员岗位和人员数量、派遣期限、劳动报酬、意外伤亡保险和社会保险费及违反协议的责任等，并且将船员劳务派遣协议的内容告知被派遣船员。

船员服务机构为已经与航运公司或其他单位签订劳动合同的船员提供船舶配员服务的，应当事先经过船员用人单位同意。

船员服务机构提供船舶配员服务，应当督促船员用人单位与船员依法订立劳动合同。船员用人单位未与船员签订劳动合同的，船员服务机构应当终止向船员用人单位提供船员服务。

船员服务机构向船员提供船员服务业务，应当与船员签订船员服务协议。船员服务机构不得为未经船员注册的人员提供船舶配员服务。船员服务机构不得克扣船员用人单位、船员用工单位按照船舶配员服务协议支付给船员的劳动报酬。

为与船员服务机构签订劳动合同的船员提供船舶配员服务的，船员服务机构为船员用人单位，船员服务机构应当同时履行船员用人单位的责任和义务。

船员服务机构提供船员服务，应当遵守国家船员管理、劳动和社会保障的有关规定，履行诚实守信义务。船员服务机构应当向社会公布服务内容和收费标准，不得重复或超过标准收取费用。船员服务机构在提供船舶配员服务时，应当向船员用人单位或船员用工单位及有关船员提供全面、真实的信息。不得提供虚假信息，不得损害船员的合法权益。

船员服务机构应当建立船员服务信息档案，记载服务船员在船员服务期间发生的下列事宜，并且保持船员服务信息记载的真实、连续和完整。

其一，船上任职资历。

其二，基本安全培训、适任培训和特殊培训情况。

其三，适任状况、安全记录和违章记录。

其四，劳动合同、船员服务协议、船舶配员服务协议。

第三章　通航管理

海事监督管理是海事管理机构依据海事管理职能，为保障水上交通安全、防止船舶造成水域环境污染依法所进行的水上交通安全监督、防止船舶污染水域环境等一切海事行政执法活动。海事监督管理应当以“权责明确、行为规范、监督有效、保障有力”为目标。这就要求监督管理工作不仅要有明确的海事职能定位，更重要的是还要以规范的行政行为来实现有效的监督。

其一，监督管理的过程，即履行职责的过程。海事机构通过对船舶、船员、所有人、经营人和船舶航行、停泊、作业及水域等各环节实施一系列海事行政监督行为来实现国家所赋予的责任。履职的好坏，直接影响管理效果。在履行职责过程中，海事监督必须严格按照职责来进行，还要实现监督的有效性。有效性，一是履职全面，二是履职到位。

其二，海事监督管理的首要目标是保障内河交通“安全、有序、畅通”。为实现这一目标，必须遵循“安全第一、预防为主、方便群众、依法管理”的原则。这一原则清晰地指出了在海事监督管理过程中，应以保证水上交通安全为中心工作，同时应加强预防，并且坚持依法行政和提高海事服务质量。

第一节　海事监督管理职责及规范

一、海事监督管理职责

海事管理因机构设置的不同，职责范畴也有所不同，但是所承担的基本任务是大致相同的。其具体职责如下：

其一，水上交通安全和通航水域环境安全。

其二，开展船舶登记、船舶检验工作及水上、水下施工作业等的受理工作。

其三，对所辖水域内船舶实施安全监督检查。

其四，组织辖区内船舶水上搜救工作；开展水上交通事故、船舶污染事故的调查处理工作。

其五，为维护辖区水域通航秩序实施水上巡航。

其六，对渡口、渡船实施督导，落实渡口、渡船各项管理制度。

二、海事监督管理职权

根据法律、法规授权，海事管理机构的职权包括以下几点：

其一，组织实施有关水上交通安全和防止船舶污染监督管理、船舶及水上设施检验的法律、法规、规章和技术规范、标准。

其二，负责船舶和水上设施的登记、检验、安全检查和船舶进出港报告；负责船舶载运危险货物及其他货物的安全监督。

其三，负责船员适任资格的考试、发证和监督管理；审核和监督管理船员培训机构资质及其质量体系。

其四，监督管理船舶所有人安全生产条件和水运企业安全管理体系；调查、处理水上交通事故、船舶污染事故及水上交通违法案件。

其五，管理通航秩序、通航环境。负责禁航区、航道、交通管制区、港外锚地和安全作业区等水域的划定；负责禁航区、航道、交通管制区、锚地和安全作业区等水域的监督管理，维护水上交通秩序；核定船舶靠泊安全条件；核准与通航安全有关的岸线使用和水上、水下施工、作业；管理沉船、沉物打捞和碍航物清除；管理和发布航行警（通）告。

海事管理机构在以上职权范围内具有监督检查权、行政许可权、行政处罚权、行政强制权等权力。在运用这些权力时，应当克服"掌舵"思想，树立权力就是服务、权力就是责任的意识。行使权力应与担当责任并行，"责任行政"的提出强调的是从"责任"的角度，在依法行政的基础上最大限度地减少责任的发生，即行使海事行政权力时避免发生不认真履行和履行不完善等情况。

三、海事监督管理人员守则

海事管理的最终目标是维护水上交通安全秩序，保护一方水域安全。作为一方水上安全的保护神，海事管理人员必须站在"为民服务"的高度来履行每一项职责，为实现"一流海事"而驻守岗位。

其一，政治坚定，热爱海事事业，做到服务人民，奉献社会，保障水上交通安全，保护水域环境，维护国家利益。

其二，做到依法行政，使法律、法规有效实施，执法行为合法、公正、合理。

其三，做到严格管理、服务周到，竭诚保护船舶、人命、财产安全。

其四，规范行政执法行为，做到示证执法、风纪严整、执法文书填写严谨、言谈举止文明礼貌。

其五，廉洁自律，正确使用手中权力，反腐拒贿，做到秉公执法。

其六，做到遵章守纪、政令畅通，请示报告及时，做好辖区内的各项工作。

其七，努力学习，提高海事执法水平，熟练掌握法律业务知识和执法技能，为海事事业多做贡献。

第二节 海事日常管理

从法律、法规赋予海事管理机构的职责来讲，通航管理是指海事管理机构依法对通航水域内船舶及浮动设施的交通行为（航行、停泊、作业等）和水上活动（采砂、勘测、体育竞技）等进行组织协调与监管服务以实现安全管理目标的过程，是对通航环境、通航秩序及相关的人为活动的管理。

通航管理是海事管理的重要内容之一，同时又是船舶管理、船员管理、船公司管理等其他海事管理的集中体现。其以安全、畅通、有序为目标，管理方式包括水上巡航管理、航道标志管理、水上交通秩序管理等。

一、船舶航行、停泊、作业

航行、停泊、作业属于船舶的三种状态，海事管理机构主要通过对船舶的这三种状态的控制实现安全监督管理。

（一）船舶航行管理

1. 船舶航行管理要求。

船舶在航行过程中，一切与航行安全有关的事项都应符合要求。船舶能够按照航行的安全规定操作，是最大限度降低水上交通事故的最有效途径。安全航行的规定要求包括以下几点：

（1）经海事管理机构认可的船舶检验机构依法检验并持有合格的船舶检验证书。

（2）经海事管理机构依法登记并持有船舶登记证书。

（3）配备符合国务院交通主管部门规定的船员。

（4）配备必要的航行资料。

（5）船舶在内河通航水域航行应当按《中华人民共和国国旗法》及《船舶升挂国旗管理办法》的规定悬挂国旗。

（6）船舶在内河通航水域航行应按《船舶登记条例》的要求标明船名、船籍港、载重线。

（7）根据《老旧运输船舶管理规定》，应当强制报废的内河运输船舶包括船龄 25 年以上的高速客船；船龄 30 年以上的客货船、客渡船、旅游船、客船；船龄在 31 年以上的油船、化学品船、液化气船；船龄在 33 年以上的散货船、矿砂船；船龄在 35 年以上的滚装船、散货水泥船、杂货船、木材船。

（8）船员要经过水上交通安全培训。其中，客船和载运危险货物船舶的船员还应当经过相应的特殊培训，并且经海事管理机构考试合格，取得相应的适任证书或其他适任证件，方可担任船员职务。

（9）船员应当遵守职业道德，提高业务素质，严格依法履行职责。

2. 内河避碰规则。

这一规则是对内河船舶在航时段防止船舶发生碰撞的限制要求，目的是减少碰撞事故的发生，减少碰撞损失。其更深层次的意义在于，一是通过熟练掌握和运用《中华人民共和国内河避碰规则》（以下简称《内河避碰规则》），可以强化海事通航管理手段，有针对性地采取防止碰撞措施和管理方法；二是《内河避碰规则》也是海事调查处理船舶碰撞事故的最有效的法律依据。

《内河避碰规则》的主要内容如下：

（1）船舶在内河通航水域航行时，应当保持了望，注意观察并采用安全航速航行。船舶安全航速要根据能见度、通航密度、船舶操纵性能和风、浪、水流、航路状况及周围环境等主要因素决定。

（2）船舶在内河通航水域航行时，应当谨慎驾驶，保障安全；对来船动态不明或遇有紧急情况时，应当减速、停船或倒船，防止碰撞。

（3）船舶在内河通航水域航行时，应当尽可能沿本船右舷一侧航路航行。

（4）船舶相遇，船舶各方都应注意避让。

（5）任何情况下，客渡船都必须避让顺航道或河道行驶的船舶。

3. 航行原则。

按照《内河避碰规则》的要求，船舶航行要坚持以下原则：

（1）机动船航行时，上行船应当沿缓流或航道一侧行使，下行船应当沿主流或航道中间行使。

（2）在潮流河段、湖泊、水库、平流区域，任何船舶应当尽可能沿本船右舷一侧航道行使。两船对遇或接近对遇应当互以左舷会船。

（3）设有分道通航、船舶定线制的水域，必须按照有关规定航行和避让。

（4）在淀区、洼地航行，遇有主航道与分支航道交汇时，分支航道的船舶应避让主航道船舶。

（5）在淀区、洼地航行，遇有不能会船的狭窄航道时，上行船在航道下方等候下行船驶过方可通行。

4. 运输船舶技术条件及适装条件的规定。

从事货物或旅客运输的船舶，应当符合船舶强度、稳性、吃水、消防和救生等安全技术要求。任何船舶不得超载运输货物或旅客。

5. 临时性交通管制。

如遇恶劣天气、大范围水上施工作业、影响航行的水上交通事故或大型群众性水上活动、体育比赛等情况，海事管理机构可以根据情况采取限时航行、单航、封航等临时性措施并予公告。

（二）船舶停泊管理

船舶停泊相对航行来讲，是一种非航行状态，通过系缆或抛锚等方式终止船舶航行。如非上述停止状态，则不属于停泊，而是在航状态。海事对停泊船的管理也属于另一项重要安全管理内容。一是加强对停泊船的管理，加强对船舶锚地、停泊区、作业区的管理，除了正规码头、泊位以外的，海事机构应当依法公布；二是加强巡航检查，及时制止非法停泊。

《中华人民共和国内河交通安全管理条例》第二十四条规定，船舶应当在码头、泊位或依法公布的锚地、停泊区、作业区停泊；遇有紧急情况，需要在其他水域停泊的，应当向海事管理机构报告。船舶停泊应当按照规定显示信号，不得妨碍或危及其他船舶航行、停泊或作业的安全。船舶停泊应当留有足以保证船舶安全的船员值班。

（三）船舶、浮动设施的作业管理

1. 具体内容。

（1）勘探、采掘、爆破。

（2）构筑、设置、维修、拆除水上、水下构筑物或设施。

（3）架设桥梁、索道。

（4）铺设、检修、拆除水上、水下电缆或管道。

（5）设置系船浮趸、缆桩等设施。

（6）航道建设，码头疏浚。

（7）举行大型群众性活动、体育比赛。

进行以上所列作业或活动，需要进行可行性研究的，在进行可行性研究时，应当征求海事管理机构的意见；依照法律、行政法规的规定，需要其他有关部门审批的，还应依法办理相关审批手续。

2. 水上安全作业区是指为保障船舶作业和其他正常航行船舶的通航安全，由海事部门划定并公布的水上作业船舶作业的特定水域。

划定水上安全作业区要注意以下几点：

（1）尽可能地利用附近一切可以疏导的水域来分流船舶，减少现场交通组织难度。

（2）要结合航道水域情况，最大限度地控制作业区范围，让出尽可能大的通航水域范围。

（3）要确定水上安全作业区附近通航水域船舶通过方式是一侧通过还是两侧通过，是单向通过还是双向通过，通过的要求不同，现场组织内容均不相同。

3. 管理方式。

（1）需要海事管理机构审批的作业或活动，应当自收到申请之日起 30 日内做出批准或不批准的决定，并且书面通知申请人。

（2）内河通航水域进行气象观测、测量、地质调查、航道日常养护、大面积清除水面垃圾及可能影响内河通航水域交通安全的其他行为，应当在进行作业前向海事管理机构备案。

（3）作业人在进行作业或活动时，应当在作业或活动区域设置标志和显示信号，并且按照海事管理机构的规定，采取相应的安全措施，保障通航安全。

（4）作业或活动完成后，不得遗留任何妨碍航行的物体。未按要求清除的，海事管理机构可采取强制性措施予以清除，相关清除费用由作业或活动方承担。

（四）违反船舶航行、停泊、作业的情形

1. 未采用安全航速航行。

2. 未按照规定的航路或航行规则航行。

3. 未按照规定倒船、调头、追越。

4. 未按照规定显示号灯、号型或鸣放声号。

5. 未按照规定擅自夜航。

6. 在规定必须报告船位的地点，未报告船位。

7. 在禁止横穿航道的航段穿越航道。

8. 在限制航速的区域和汛期高水位期间，未按照海事管理机构规定的航速航行。

9. 不遵守海事管理机构发布的在能见度不良时的航行规定。

10. 不遵守海事管理机构发布的有关航行、避让和信号规则规定。

11. 不遵守海事管理机构发布的航行通告、航行警告规定。

12. 船舶装卸、载运危险货物或空舱内有可燃气体时，未按规定悬挂或显示信号。

13. 未在规定的甚高频通信频道上守听。

14. 未按照规定进行无线电遇险设备测试。

15. 船舶停泊未按照规定留足值班人员。

16. 不遵守航行、避让和信号显示规则的其他情形。

二、水上巡航管理

巡航，是指海事执法人员依托海巡艇，开展关于海事、航道、通信等方面的安全宣传、航行安全和防污染监视及航道、航标和航标辅助设施巡查、海事行政执法、抢险救助等工作的行为。水上巡航作为海事安全监管最有效、最直接的动态管理形式，是保障航行安全和监视防污染、依法行政、抢险救助、维护通航秩序、保护通航环境的重要手段。

各级海事管理机构负责本辖区水上巡航工作的组织实施和管理。其主要职责包括以下几点：

1. 制订辖区巡航计划并组织实施。

2. 指挥、调度执法船。

3. 为执法人员备齐执法资料和执法取证器材，包括各类执法文书、相关法律法规，以及摄像、照相、录音设备等。

4. 组织开展执法人员和执法船船员业务培训。

5. 组织制定执法船各种应急预案，并且组织开展训练和演练。

6. 加强岸基值班，保持与执法船的有效联系。

7. 做好巡航工作记录的填写、统计、总结及报送工作。

8. 对辖区巡航工作进行指导、监督和评估。

（一）巡航原则

1. 海事人员应按照巡航计划或上级指示开展巡航工作，在巡航中认真履行职责，及时发现问题和隐患，保证巡航任务有效完成。

2. 海事人员要在辖区船舶流量高峰时段和事故险情高发时段开展巡航，维护良好的通航秩序，保障船舶航行安全。

3. 海事人员在执行巡航任务时应利用无线电话、广播等，主动开展安全宣传，提供咨询服务。

（二）巡航任务

1. 检查通航环境、通航秩序。

2. 检查是否有水域污染。

3. 检查助航设施情况。

4. 检查船舶航行情况。

5. 检查水上、水下活动情况。

6. 查处违法行为。

（三）巡航职责

1. 各级海事管理机构指定巡航工作主管部门，负责本辖区水上巡航。

2. 工作的组织实施和管理。

3. 审批巡航工作计划。

4. 做好执法船的维修、保养和管理。

5. 确保执法船配备足额适任船员。

6. 为执法船配备相应的航行图书资料及保障船舶航行安全的相关设备。

7. 为执行巡航任务的执法人员配备相应的执法装备（摄像机、照相机等）。

8. 为执行巡航任务的执法人员配备相应的个人防护装备（工

作服、防滑鞋、安全帽。救生衣等）。

9. 为执行巡航任务的执法人员提供其他必要的后勤保障（燃料油等）。

（四）巡航中对违法行为的处置

1. 海事执法人员在执行巡航时，发现违法行为，应当及时制止、纠正，按规定制作询问笔录或现场检查记录，收集有关物证和视听资料。

2. 违法行为情节严重的、危及自身安全或公共安全的在航船舶，通知其到安全水域接受处理。

3. 违反海事相关法律法规的行为，按程序做出行政处罚。

4. 发生严重阻碍海事执法人员依法履职的案件、水上突发治安案件，立即报警，根据需要协助公安民警调查。

（五）巡航工作应注意的事项

1. 建立巡航制度，明确巡航人员职责，确定巡次及巡航时间，要切合实际，具有针对性。

2. 巡航执法人员应如实记载巡航中所发现的一切状况，对情况处置要及时、准确、合法。

3. 注重巡航安全，尤其注重夜间巡航自身安全。

三、水上交通安全标志与管理

随着水运的发展，为了维护交通秩序，必须用交通规则予以制约，但交通规则的繁复造成了人们记忆上的困难，于是人们创造了一种简洁、形象、直观的设施，即助航标志和交通安全标志。它们在规范内河交通行为、促进内河交通安全管理现代化和降低内河交通事故等方面发挥了极为重要的作用。

助航标志和交通安全标志都是为水运服务的交通设施。前者标示航道的方向、界限与碍航物，揭示有关航道信息，为船舶航行指出安全、经济的航道；后者从交通管理的角度，用图形符号、颜色和文字，标示交通管理内容，传递与交通有关的信息，以管理交通和为船舶服务。两者的关系是相辅相成、互为补充、缺一不可。

（一）内河交通安全标志

1. 主标志，包括警告标志、禁令标志、警示标志、指令标志、提示标志。

（1）警告标志为黄底、黑边框、黑图案或文字，具体有交叉河口标志、急弯航道标志、窄航道标志、急流涡流标志、取水口标志、排水口标志、渡口标志、高度受限标志、注意落石或滑坡标志、雷电高发区标志、事故易发区标志、注意危险标志。

（2）禁令标志一般为白底、红边框、斜红杠、黑图案或文字，具体有禁止通行标志、禁止驶入标志、禁止转弯标志、禁止掉头标志、禁止追越标志、禁止会船标志、禁止并列行驶标志、禁止顶推标志、禁止旁拖标志、禁止偏拖标志、禁止停泊标志、禁止锚泊标志、禁止系带标志、禁止鸣笛标志、禁止明火标志、解除禁止掉头标志、解除禁止追越标志、解除禁止会船标志、解除禁止顶推或旁拖标志、解除禁止鸣笛标志、限制宽度标志、航道一侧受限标志、限制航速标志、限制拖带尺度标志、限制靠泊范围标志、限制船舶尺度或吨位标志。

（3）警示标志为红白相间的斜纹，具体有桥梁警示标志、导向标志。

（4）指令标志为蓝底、白边框、白图案，具体有行驶方向标志、靠一侧行驶标志、回航标志、分道通航标志、停航让行标志、鸣笛标志、右舷会船标志、绕行标志、停船受检标志、横越区标志。

（5）提示标志为绿底、白边框、白图案或文字，具体有停泊区标志、锚地标志、掉头区标志、水上运动区域标志、航道尽头标志、通讯联络标志、应急电话标志、地名标志、分界标志、场所距离标志、桥名标志、通航净高标尺和闸门槛水深标志、其他告示性提示标志。

2. 辅助标志，即附设在主标志下，对主标志作用的时间、距离、区域或范围、缘由、船舶种类等做补充说明的标志。辅助标志不能单独使用。

（1）凡主标志无法完整表达其规定时，应附加辅助标志。

（2）辅助标志为白底、黑字、黑边框。

（3）辅助标志为长方形，长度应与所附主标志宽度相等；当内容较多一行排列不下时，可相应增加高度或二行排列。

（4）辅助标志所表述的文字应当简介、明了、准确、无歧义，必要时可使用“箭头”等图形符号。

（5）辅助标志附加在主标志的下部，其上部边框线应紧靠所附主标志的下边，边框左右和下部的衬边应与所附主标志的衬边等宽。

（二）内河交通安全标志的设置原则

1. 每一种标志都规定了一定的设置条件。设置时，应以保障航道畅通和交通安全为目的，与助航标志相协调，总体布局避免出现互相矛盾、彼此重复、信息不足或过载的现象。传递等同的信息量，以标志量少的为优；但对特别重要的信息，可以重复显示。

2. 除规定设置在一定地点的标志以外，标志的设置应当充分考虑船舶在动态的情况下发现、认读标志及采取行动的时间和距离。因此，警告类标志应设置在距离其表达对象 300—500 米的范围内。

3. 同一地点设置 2 个及以上标志时，可绘制在 1 块标志板或标志杆上，但最多不超过 4 个，并且按禁令、指令、警告、提示的先后顺序，先上后下、先左后右的排列。

4. 标志板面应与航道中心线成一定夹角：宽阔航道呈 45—60 度夹角；窄航道呈 75—90 度夹角。

5. 设置于岸上使用的标志杆或其他杆、架上的标志，其标志板下缘的离地高度不应小于 2.4 米；悬臂深入航道的，还不应低于该等级航道水上过河建筑物的通航净空高度。标志板面和侧边应当铅垂，板前不得有遮挡物。

四、水上通航秩序管理

（一）通航秩序

通航秩序，是指船舶和浮动设施在通航水域内航行、停泊、作业及水上活动所形成的各种行为关系。

（二）对船舶的要求

1. 船舶应当遵守有关法律、法规、规章及交通管制、交通安全标志的规定。船舶的标志标识应当规范、清晰可辨，不得遮挡、涂改。

2. 船舶航行应当遵守船舶航行、避让规则。

3. 禁止船舶在航道内、锚地和港池内实施过驳作业。

4. 船舶航行时，应当与河底床之间留有足够富余水深，与跨河建筑物之间保持合理间距。

（三）对航道的要求

1. 航道的交通安全、助航标志，应当保持良好的使用状态。发现受损、移位、失常时，有关单位应当及时予以修复；修复前应当设置临时标志。

2. 影响船舶航行的桥梁、桥墩，以及未达到干线航道通航标准的过船设施、架空管线等，其权属单位应当设置明显的交通安全、助航标志及防撞保护设施。

3. 有关地方海事管理机构可以根据辖区内干线航道交通具体情况，设置交通安全标志；对特定水域可以组织实施交通管制。

第三节　水上交通事故调查处理

水上交通事故调查处理工作是法律赋予海事管理机构的重要职责之一。

一、水上交通事故调查处理的内涵

（一）水上交通事故调查处理的定义

水上交通事故调查处理，是指海事管理机构对中华人民共和国通航水域船舶和浮动设施发生的水上交通事故进行调查处理的全过程。水上交通事故调查是为查明水上交通事故发生的原因、经过及造成损害的程度、范围，确定事故性质、等级和判明事故当事人责任，依法进行的一系列活动。调查水上交通事故，应首先运用勘查、拍照、查询、鉴定、检验等手段搜集证据，然后分析包括人为因素在内的与事故有关的所有因素，对水上交通事故发生的各个细节进行研究、分析。水上交通事故处理是指海事机构在水上交通事故调查的基础上，提出加强安全管理的措施或建议、处罚违法人员、公布调查结果及对由于水上交通事故引起的民事纠纷进行调解的一系列活动。

判定是否属于水上交通事故，是进入依法立案的首要环节，需要对事故本身的性质加以判定。判定的过程涉及以下几个概念：

1. 内河通航水域，即由海事管理机构认定的可供船舶航行的江、河、湖泊、水库、运河等水域。

2. 船舶、浮动设施。

3. 水上交通事故，即船舶、浮动设施在内河通航水域内航行、停泊、作业过程中发生的碰撞、触碰或浪损，触礁或搁浅，火灾或爆炸，以及沉没（包括自沉）等影响适航性能的机件或重要属具的损坏或灭失，还包括其他引起财产损失或人员伤亡的事件。

（二）水上交通事故与水上事故和其他水上安全事件的区别

从事水上交通事故调查的人员在进行初步调查时，应依据掌握的法律知识对事故本身的性质做出基本判定，并且确定是否立案调查。调查人员应明确水上交通事故与水上事故和水上事件的区别。水上交通事故的调查是海事机构必须履行的海事行政职责，而水上事故和事件在进行了初步调查了解后，应移交具有管理职责的主管部门调查处理。非水上交通事故引起的污染事故、船员工伤、船员或旅客失足落水、船员或旅客自杀或他杀，不适用于《中华人民共和国内河交通事故调查处理规定》。

军用船舶之间发生的交通事故、体育用船之间发生的交通事故，军用、体育用船单方船舶的交通事故不属于海事调查范围。

二、水上交通事故调查处理的目的和性质

水上交通事故调查处理的主要目的是查明原因，判明责任。

海事管理机构的事故调查，属于海事行政行为，尽管在水上交通事故调查过程中的取证、分析运用了各种技术手段，但总体来说，海事机构的事故调查属于行政调查。

三、水上交通事故调查处理的组织

海事管理机构在接到事故报告后，应立即实施救援并开展调查。根据需要建立事故调查小组，指定人员对水上交通事故进行调查、取证、评估，编写调查报告和调查结论书。

基于水上交通事故的突发性，海事管理机构应当保持调查人员队伍的稳定，配备相应的勘查公事包，并且迅速到达现场，满足第一时间对现场进行取证的需要。

水上交通事故的管辖以地属管辖为主，以指定管辖为辅。

其一，内河交通事故由事故发生地的海事管理机构负责调查处理。

其二，内河交通事故管辖权限不明的，由最先接到事故报告的海事管理机构负责调查处理，并且在管辖权限确定后向有管辖权的海事管理机构移送，同时通知当事人。

其三，对内河交通事故管辖权有争议的，由各方共同的上级海事管理机构指定管辖。

其四，根据调查的需要，上级海事管理机构可以直接调查处理由下级海事管理机构管辖的事故。

四、水上交通事故的调查处理步骤

（一）接警

海事机构接到事故报告后，应当做好记录。根据事故损害情况，立即派出海事调查人员和专业救助人员一同前往事故现场。

（二）现场初步勘察，确定是否立案

1. 调查人员对事故现场进行初步调查取证；证据收集要全面，不可放过任何与事故有关的证据线索。

2. 调查人员根据初步调查取证的资料进行真实、准确的汇总和分析，确定事故性质，制作水上事故现场勘查报告。

3. 海事管理机构应对获知的水上交通事故信息进行初步核查，决定是否立案调查。

（三）立案

1. 水上交通事故调查立案按照事故调查分级管辖的要求，遵循“谁调查，谁立案”的原则。

2. 海事管理机构获知事故信息后，符合规定的水上交通事故应予立案调查。无论是否立案，均应进行初步核查，制作《水上交通事故立案审批表》。确定不予立案的，海事管理机构应通知事故当事人并告知理由。无当事人的，应记录相关情况。

3. 下级海事机构已经立案调查的事故，上级海事机构发现事故影响较大或等级较高应由其立案调查的，可以成立事故调查组的文件代替立案审批。

4. 事故立案调查后，符合撤销立案的情况，经海事管理机构负责人审核同意，应撤销立案。

5. 上级海事管理机构认为立案、不予立案或撤销立案不符合规定的，应责令改正。

（四）事故调查

1. 现场调查。

前面所说的现场初步勘查，其实就是事故调查的开始，一般被称为现场勘查。事故现场是事故发生整个过程的最后状态，这种状态就是一种物理分布。事故现场的状态与事故的发生过程密切相关，而事故过程就是事故诸多因素相互作用的过程。可以说，事故现场是追溯事故发生最直接原因的重要环节。但是，水上交通事故发生后的痕迹特别容易发生变化，目击者也可能已经离开，所以对现场的勘查必须做到全面、客观、细致。

（1）现场勘察的方式主要有勘视、检测、测量、绘图、拍照、录像等。

（2）现场勘查的作用：核实船舶、浮动设施及其货物、人员的损害情况，以及船舶、浮动设施事故点确认、适航状态、技术状态等。

（3）勘查范围：根据水流、风向、气象、航道环境及周边环境等因素，确定是否扩大事故痕迹的搜索范围。

（4）当事人员的确认：对当事人员进行登记。

（5）勘查情况：调查人员应当做好勘查情况的详细记录，并且有当事人和勘查人员签字确认。勘查现场应有当事人陪同。

2. 物证取得。

物证一般是事故现场勘查搜集到的物证。

（1）事故现场照片和任何涉及的机械、工具、锁链、属具、其他装置等的照片。

（2）与事故有关的机器、设备损坏程度及部位的照片。

（3）涉案人员可能服用过的药物、酒瓶、食物等样本。

（4）船舶或浮动设施碰撞部位的照片及擦痕留下的油漆样本及照片。

（5）火灾和爆炸残留样本和照片。

（6）事故发生地较远的，可能因移动且与事故有关的货物照片。

（7）所有物证都应做好详细的记录，包括取得的时间、地点、所有人、损坏程度、物证名称及编码等内容。

3. 查询证人。

（1）证人即事故当事人和有关人员，指了解事故主要或部分事实（事故经过和结果）的人员。船员、船上工作人员、船上旅客及周围他船船员、岸上旅客或人员都可能是证人，并且需要提供证据。

（2）证人所做的口头或书面陈述，即证人证言或当事人陈述。

（3）查询证人是一项对调查人员素质要求极高的行政行为，需要很强的专业知识和查询技巧。

查询证人应注意以下几点：

（1）建立查询计划，确定查询目的。

（2）掌握证人的全面身份资料。

（3）选定较安静的地方进行查询。

（4）调查人员的态度应建立在询问而不是审问的基础上，尤其在查询事故直接当事人时，更应该采取一种和蔼可亲、循序渐进的态度，制造一种放松的气氛。

（5）调查人员不可用暗示或其他目的性语言，更不可以用激愤的语气进行询问。

（6）查询记录：记录人要把查询的情况如实记录，不能随意改动证人的原意；若证人对证言有所改动，应在改动处签名、按指印，应在查询记录上写上“所记录的与我所说的完全一致”，并且在所有记录页上签名、按指印，标明日期。

4. 核定损失。

对损失进行核定，以便确定事故的性质和等级，以及进行事故统计。

内河交通事故按照人员伤亡和直接经济损失情况，分为小事故、一般事故、大事故、重大事故和特大事故。小事故、一般事故、大事故、重大事故的具体标准按照交通部颁布的《水上交通事故统计办法》的有关规定执行。特大事故的具体标准和调查处理按照国务院有关规定执行。

船舶、浮动设施、货物及人员伤亡的损害均应由相关机构或具备鉴定资质的机构做出鉴定。

特别需要注意的是，在无法确定失踪人员生死的情况下，人员失踪的损害核定按人员死亡损害核定的原则处理；人员当场死亡的，应交由公安机关进行法医鉴定，并且开具死亡证明；经医院抢救无效死亡的，应有医院出具的证明及有关法医开具的死亡证明。

5. 证据分析与专家评定。

对取证资料进行审核、分析，就是对事故从船员的行为，船舶的航迹和船舶的受损部位、程度，货物的具体情况，事故发生的自然环境和通航环境，船公司及相关部门的管理，其他不安全因素等进行全面分析，找出发生事故的相关要素。

6. 制作调查报告。

《内河交通事故调查报告》应当包括下列内容：

（1）船舶、浮动设施概况（包括其名称、主要技术数据、证书、船员及所载旅客、货物等）。

（2）船舶、浮动设施所属公司情况（包括其所有人、经营人或管理人的名称、地址等）。

（3）事故发生的时间和地点。

（4）事故发生时水域的水文、气象、通航环境情况。

（5）事故搜救情况。

（6）事故损失情况。

（7）事故经过。

（8）事故原因分析。

（9）事故当事人责任认定。

（10）安全管理建议。

（11）其他有关情况。

调查报告要在立案后3个月内完成。

7. 事故处理。

海事管理机构在提出加强安全管理的措施或建议、处罚违法人员、公布调查结果，以及对由于水上交通事故引起的民事纠纷进行调解中，尤其要对内河交通事故发生负有责任的单位和人员、有关主管机关应当依据有关法律、法规和规章给予行政处罚。涉嫌构成犯罪的，应依法移送司法机关处理。

海事行政处理是基于事故的调查对违法当事人进行的海事行政处置，应当按照海事行政处罚的程序进行。

8. 对事故再分析。

这是一个再审核的过程，最终确定当事方各自在事故中承担的责任。

9. 制作调查结论书。

结论书是对事故当事人责任确定的法律文书，是在查明事故原因后，认定是责任事故还是非责任事故的文书。责任事故是当事人有过失行为或违章，其过失行为或违章与事故有直接的因果关系的事故。在事故调查的结论中，当事人责任的划分包括全部、对等、主次要责任三种。

海事管理机构应当在内河交通事故调查、取证结束后 30 日内做出事故调查结论，并且书面告知当事船舶、浮动设施的所有人或经营人。

事故调查结论应当包括以下内容：

（1）事故概况（包括事故简要经过、损失情况等）。

（2）事故原因（事实与分析）。

（3）事故当事人责任认定。

（4）安全管理建议。

（5）其他有关情况。

（五）提出管理建议

管理建议是建立在对所发生事故原因分析和总结的基础上的，是通过对事故发生原因中个体安全行为因素和团体管理行为因素的分析，找出具有普遍性影响的因素，并且经过研究确定这些不安全因素应该如何加强管理，应该由哪个部门来强化管理的建议性决定，目的是满足船舶航行安全的需要，是客观的、公正的和法制化的。

（六）结案

1. 负责事故调查的海事管理机构完成事故调查，经上级批复后（如需申请），应以正式文件形式形成事故调查报告，完成事故调查结案。

2. 水上交通事故调查结案按照事故调查分级管辖的要求，遵循“谁立案，谁结案”的原则。

3. 结案包括自行结案和批复结案。自行结案适用于部海事局、直属海事局、省级地方海事管理机构组织调查的事故。批复结案适用于自行结案以外其他需要上一级海事管理机构批复结案的事故。

4. 同级海事管理机构委托调查的水上交通事故，由被委托海事管理机构按规定结案。若仅委托部分调查工作，仍应由委托调查的海事管理机构负责结案。指定调查的水上交通事故，经指定海事管理机构同意后，由被指定海事管理机构负责结案。

5. 海事管理机构应当在立案之日起 3 个月内完成事故调查、取证。因涉及沉船打捞、事故定级等影响事故原因调查或责任认定的，经上级海事管理机构同意后，可延长 3 个月。在上述规定期限内仍然难以查明事故原因，无法查明污染源、找到肇事船舶、确定事故等级的，可终止调查，并且按可能的原因分析初步核定的事故等级结案。

6. 适用自行结案的事故，由负责调查的海事管理机构以正式文件形式形成事故调查报告，完成事故调查结案。

7. 适用批复结案的事故由负责调查的海事管理机构向负责审批的上级海事管理机构申请结案。上级海事管理机构应对水上交通事故调查报告中描述的事故经过、事故原因、责任判定等进行审查。如符合要求的，应批复同意结案；如不同意结案的，应说明原因，负责调查的海事管理机构应按要求修改后重新申请结案。

8. 上级海事管理机构应在收到结案申请之日起，1个月内予以批复。

9. 结案后，若获取新的重要证据或其他需要重新调查或结案的，应重启调查并按本章结案程序重新结案。自行结案的，重启调查应经负责调查的海事管理机构负责人审批同意；批复结案的，负责调查的海事管理机构应向上级海事管理机构说明情况，征得同意后重启调查。其他海事管理机构在事故结案后若获取新的重要证据，应转交负责调查的海事管理机构核查。

10. 负责结案的海事管理机构应在事故调查结案后向批复结案的机构报备事故调查报告。

第四章　内河海事行政执法

海事行政执法，是指海事管理机构依据海事行政法律、法规、规章，实施具体的海事行政管理活动的行为。近年来，国家行政立法不断完善，《中华人民共和国行政处罚法》《中华人民共和国行政许可法》《中华人民共和国行政强制法》（以下简称《行政处罚法》《行政许可法》《行政强制法》）相继出台。与此同时，随着内河水上交通的不断发展，海事行政管理的法律、法规、规章和相关的规范性文件的也不断出台，内河海事依法行政的要求越发凸显其重要地位。

内河海事行政执法的种类主要包括行政许可、行政处罚、行政强制、行政确认、行政命令、行政备案、行政检查等。其中，国家出台相应法律进行规范的执法种类是行政许可、行政处罚、行政强制。这三类执法在内河海事各类执法中相对来说对执法规范和程序要求较高，既是最常见和大量使用的，又是最容易出现问题的执法“风险”高发区。以行政处罚为例，必须做到事实清楚、证据确实充分、适用法律正确、处罚适当、自由裁量合理、程序完整、文书填写规范，否则处罚行为无效，做出处罚决定的海事管理机构反而可能面临被复议、被送上行政诉讼被告席的境地。同理，其情形也适用于行政许可和行政强制。因此，海事行政执法人员必须具有较高的执法能力和法律素养，既要依法行使职权，又要合理规避风险。

第一节　内河海事行政许可

内河海事行政许可，是指内河海事管理机构依据法律、法规的规定对相对人提出的海事活动的申请进行审查批准的行政行为。内河海事活动，是指从事内河各种作业的活动，涉及水上交通安全、水域污染防治、船舶与浮动设施管理、船员管理等多方面的具体事项。

一、内河海事行政许可实施程序

海事行政许可的基本程序包括申请、受理、审查、决定、送达，特定情况下存在听证、变更与延续程序。在形式上，每一执法活动的内容、过程和结果都应当有相应的法律文书记载。

海事管理机构如向申请人出具《不予海事行政许可决定书》，应说明不予许可的理由，并且告知当事人依法享有行政复议、行政诉讼的权利。

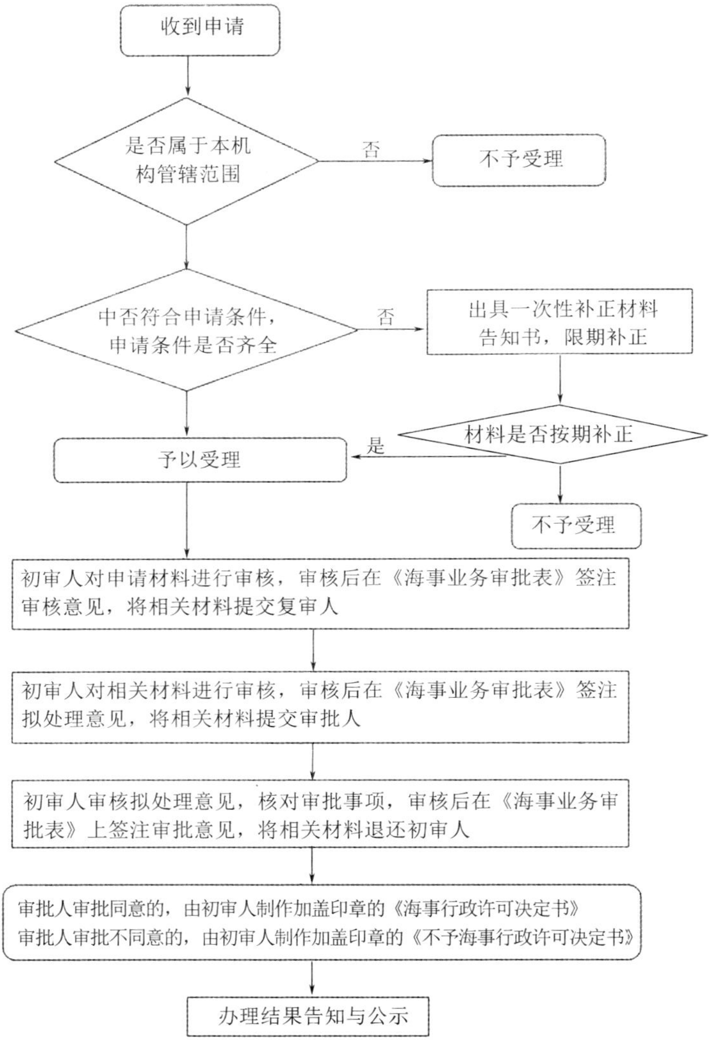

图 4-1　海事行政许可基本程序

二、内河海事行政许可注意事项

其一，在海事行政许可的期限上，要遵守《行政许可法》和相关海事法律、法规的规定。

其二，海事管理机构不得擅自增加、减少或变更各类海事行政许可条件。

其三，实施海事行政许可申请审查的人员应当持有《海事行政执法证》。

其四，海事行政许可条件应当按照《交通行政许可实施程序规定》予以公示。

其五，申请变更海事行政许可、延续海事行政许可期限的，申请人可以仅就发生变更的事项或情况提交相关的材料；已提交过的材料情况未发生变化，可以不再提交。

其六，法律文书的送达要符合法定时限和方式。以下法律文书应当送达，而且案卷中应有相应的送达回证：受理或不予受理行政许可申请通知书；陈述、申辩权利告知书；行政许可听证告知书；举行行政许可听证通知书；行政许可决定延期通知书；准予行政许可或不予行政许可决定书；行政许可证件及其他重要法律文书；等等。

第二节　内河海事行政处罚

海事行政处罚是海事行政执法机构在海事行政执法过程中对违反海事法律规范的相对人的违法行为依法追究行政法律责任所

做出的处罚。海事行政处罚是行政处罚的一种体现，与其他行政处罚的主要不同在于海事行政处罚针对的是海事行政违法行为。海事行政处罚的行政主体是具有独立行政执法权的海事管理机构，处罚的依据是海事法律规范，处罚的对象是海事行政相对人。

一、内河海事行政处罚的依据和种类

《行政处罚法》作为行政处罚的基本法律规范，虽然不能够直接用于海事行政处罚，但其基本原则与程序是开展海事行政处罚工作必须遵守的。《行政处罚法》中规定的行政处罚种类有罚款、没收违法所得、没收非法财物、责令停产停业、暂扣或吊销许可证、暂扣或吊销执照、行政拘留。应当明确的是，海事行政执法机构没有行政拘留的处罚权。

《内河交通安全管理条例》中规定的海事行政处罚的种类主要有警告、罚款、没收违法所得、暂扣或吊销适任证书或其他适任证件、没收违法作业的船舶、浮动设施。其中，罚款的最高数额是 10 万元或违法所得的 5 倍，最低数额为 1000 元；暂扣适任证书的期限为 3—24 个月。

《船舶登记条例》中规定的海事行政处罚的种类主要有警告、罚款、吊销船舶国籍证书或临时船舶国籍证书、没收船舶登记证书、没收船舶。其中，针对 500 总吨以下船舶罚款的最高数额是 1 万元，最低数额为 200 元。

《河北省内河交通安全管理规定》中规定的海事行政处罚的种类主要有警告、罚款。其中，罚款最高数额是 2000 元，最低数额为 100 元。

《中华人民共和国内河海事行政处罚规定》根据《内河交通安全管理条例》《船员条例》《中华人民共和国船舶和海上设施检验条例》《危险化学品安全管理条例》《水污染防治法》《中华人民共和国环境噪声污染防治法》《中华人民共和国防止拆船污染环境管理条例》等上位法对内河海事行政处罚进行了分类和细化，汇总了九类违法行为：一是违反船舶、浮动设施所有人、经营人安全管理秩序的行为；二是违反船舶、浮动设施检验和登记管理秩序的行为；三是违反内河船员管理秩序的行为；四是违反航行、停泊和作业管理秩序的行为；五是违反危险货物载运安全监督管理秩序的行为；六是违反通航安全保障管理秩序的行为；七是违反船舶、浮动设施遇险救助管理秩序的行为；八是违反内河交通事故调查处理秩序的行为；九是违反防治船舶污染水域监督管理秩序的行为。其中，海事行政处罚的种类主要有警告、罚款、没收违法所得、责令停航或停止作业、没收违法作业的船舶及浮动设施、扣留或吊销船员适任证书或其他适任证件。罚款的最高数额是 20 万元，最低数额为 1000 元；扣留船员适任证书或其他适任证件的期限为 3—24 个月。

内河海事行政处罚程序适用《交通运输行政执法程序规定》。

水路运输管理行政处罚的依据主要是《国内水路运输管理条例》《国内水路运输管理规定》。其中规定的水路运输行政处罚的种类主要有警告、罚款、责令停止经营、没收违法所得、吊销该客运船舶的船舶营运许可证件；罚款的最高数额是 100 万元或违法所得的 5 倍，最低数额为 1000 元以下。

二、内河海事行政处罚的管辖和适用

（一）内河海事行政处罚的管辖

1. 海事行政处罚案件由海事行政违法行为发生地的海事管理机构管辖。

2. 各级海事局管辖本辖区内的所有海事行政处罚案件。各级海事局所属的海事处管辖本辖区内的下列海事行政处罚案件：

（1）对自然人处以警告、1 万元以下罚款、扣留船员适任证书 3—6 个月的海事行政处罚。

（2）对法人或其他组织处以警告、3 万元以下罚款的海事行政处罚。

（二）内河海事行政处罚的适用

海事管理机构在行政处罚中要做到过罚相当、处罚适当。

1. 遵守《行政处罚法》中关于从轻或减轻处罚的规定。当事人有下列情形之一的，应当依法从轻或减轻行政处罚：

（1）主动消除或减轻违法行为危害后果的。

（2）受他人胁迫实施违法行为的。

（3）配合行政机关查处违法行为有立功表现的。

（4）其他依法从轻或减轻行政处罚的。

（5）已满 14 周岁不满 18 周岁的人有违法行为的。

依法从轻给予海事行政处罚，是指在法定的海事行政处罚种类、幅度范围内给予较轻的海事行政处罚。依法减轻给予海事行政处罚，是指在法定的海事行政处罚种类、幅度最低限以下给予海事行政处罚。

2. 遵守《行政处罚法》中关于不予行政处罚的规定：

（1）违法行为轻微并及时纠正，没有造成危害后果的，不予行政处罚。

（2）不满 14 周岁的人有违法行为的，不予行政处罚，责令监护人加以管教。

3. 在罚款中公平合理地使用自由裁量权。交通运输部海事局发布的《海事违法行为行政处罚裁量基准》和河北省交通运输厅发布的《河北省交通运输行政处罚自由裁量权执行标准》对此都有较明确的规定，内河海事行政处罚的自由裁量应以此为标准认真执行。

三、内河海事行政处罚程序

（一）简易程序

适用于警告、对公民处 50 元以下罚款、对法人或其他组织处 1000 元以下罚款。

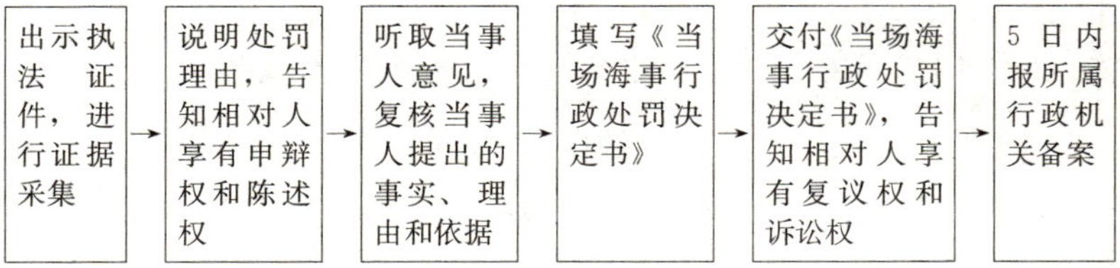

图 4-2　内河海事行政处罚简易程序

（二）一般程序（派生听证程序）

实施海事行政处罚，除适用简易程序的，都应当适用一般程序。

图4-3　内河海事行政处罚一般程序

（三）执行程序

1. 当场收缴。

有下列情形之一的，海事执法人员可以当场收缴罚款：

（1）依法给予20元以下的罚款的。

（2）不当场收缴事后难以执行的。

（3）边远、水上、交通不便的地区，当事人向指定的银行缴纳罚款确有困难，经当事人提出的。

2. 事后收缴。

（1）自觉履行：当事人收到《行政处罚决定书》后15日内将罚款交到指定银行。

(2) 强制执行：逾期不缴纳罚款的，每日按罚款数额3%加处罚款，加处的罚款不得超过原罚款的数额。执法部门实施加处罚款超过30日，经催告当事人仍不履行的，做出行政处罚决定的执法部门应当依法向所在地有管辖权的人民法院申请强制执行。

3. 当事人申请行政复议、提起行政诉讼不影响行政处罚的执行。

总之，实施内河海事行政处罚时，基本的要求是案件违法事实清楚、证据确实充分、适用法律规范准确、程序合法完整、文书填写规范、处罚适当、自由裁量合理。

【案例】

海事行政处罚案例一

这是一起典型的内河海事行政处罚案件。其具体情况如下：

执法主体：某县地方海事处。

执法对象：某船舶所有人。

违法事实：船舶上的人员未按要求穿戴救生衣。

证据：询问笔录（当事人陈述）；船员证书复印件（书证，证明船员有适任证书，不是无证驾驶；也可直接将证书原件作为证据登记保存）；船检证书复印件（书证，证明船舶适航状态；也可直接将证书原件作为证据登记保存）；现场照片（书证，证明违法事实）。

一、执法依据

《河北省内河交通安全管理规定》第十一条：船舶应当按规定

配备救生设备。开敞式快艇、游乐船应当保证船上人员全部穿戴救生衣后，方可开船。

《河北省内河交通安全管理规定》第三十四条：违反本规定（开敞式快艇、游乐船上的人员未按要求穿戴救生衣的），由地方海事管理机构责令改正，并且对船舶所有人或经营人处 200 元以上 1000 元以下罚款。

二、执法程序

本案适用行政处罚的一般程序。

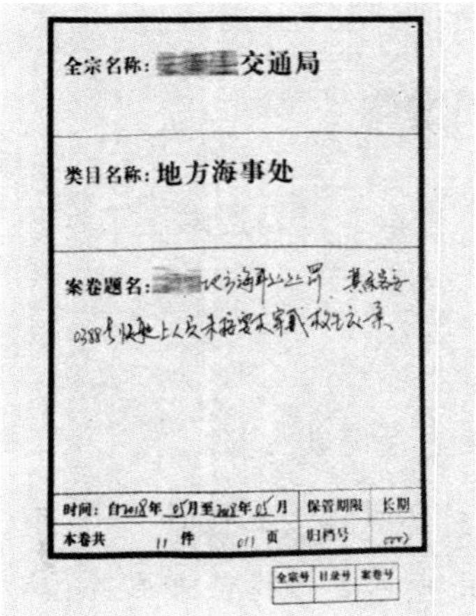

全宗名称：[redacted]交通局

类目名称：地方海事处

案卷题名：[redacted]地方海事处处罚 冀[illegible] 0388号快艇上人员未按要求穿戴救生衣案

时间：自2018年05月至2018年05月	保管期限	长期
本卷共 11 件 011 页	归档号	[illegible]

全宗号	目录号	案卷号

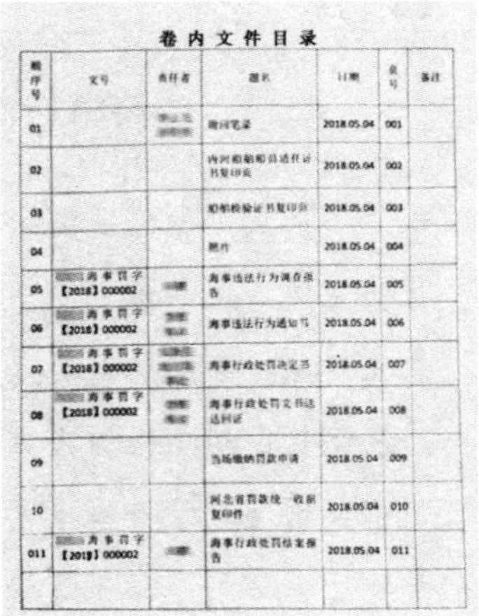

卷内文件目录

顺序号	文号	责任者	题名	日期	页号	备注
01		[redacted]	询问笔录	2018.05.04	001	
02			内河船舶船员适任证书复印件	2018.05.04	002	
03			船舶检验证书复印件	2018.05.04	003	
04			照片	2018.05.04	004	
05	[redacted]海事罚字【2018】000002	[redacted]	海事违法行为调查报告	2018.05.04	005	
06	[redacted]海事罚字【2018】000002	[redacted]	海事违法行为通知书	2018.05.04	006	
07	[redacted]海事罚字【2018】000002	[redacted]	海事行政处罚决定书	2018.05.04	007	
08	[redacted]海事罚字【2018】000002	[redacted]	海事行政处罚文书送达回证	2018.05.04	008	
09			当场缴纳罚款申请	2018.05.04	009	
10			河北省罚款统一收据复印件	2018.05.04	010	
011	[redacted]海事罚字【2019】000002	[redacted]	海事行政处罚结案报告	2018.05.04	011	

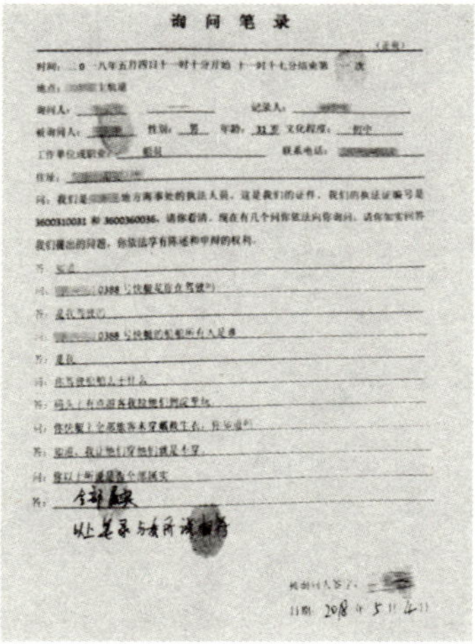
询问笔录

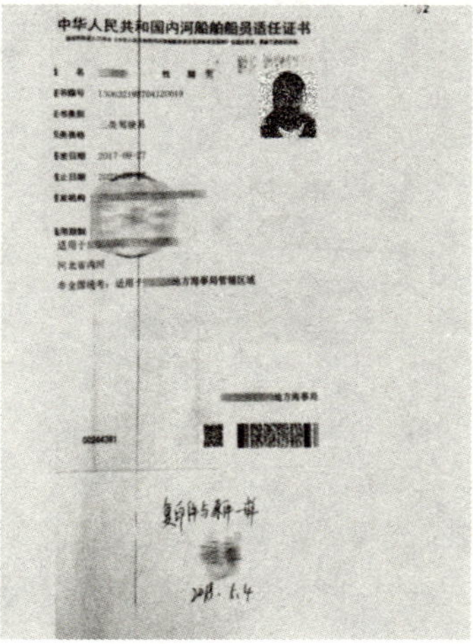
中华人民共和国内河船舶船员适任证书

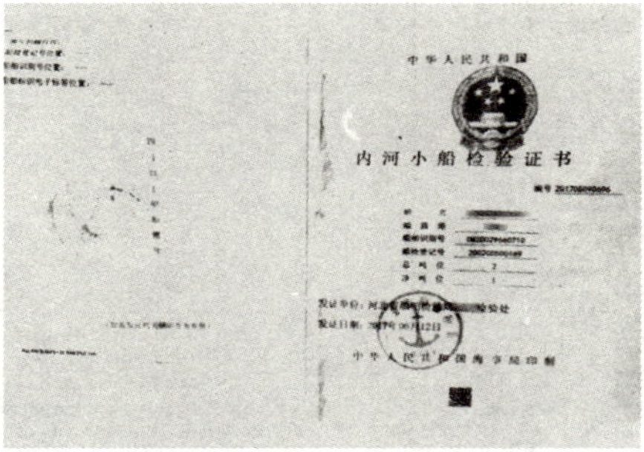
中华人民共和国
内河小船检验证书

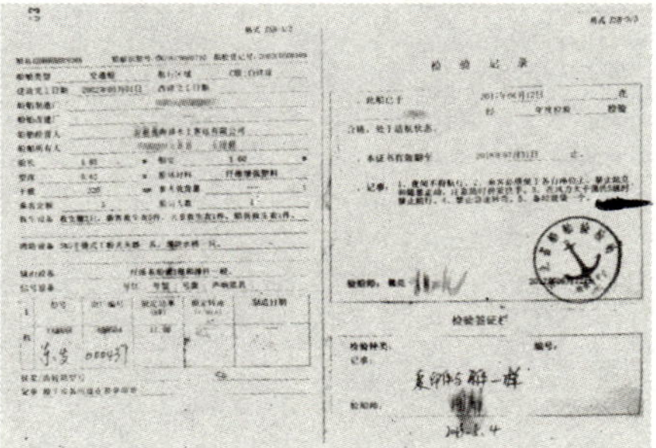
检验记录

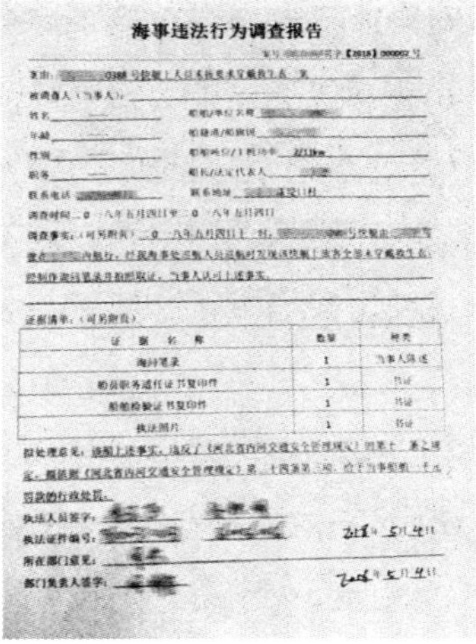

海事违法行为调查报告

案号：[redacted]罚字【2018】000002号

案由：[redacted]0388号快艇上人员未按要求穿戴救生衣一案

被调查人（当事人）：

姓名 ——　　船舶/单位名称 [redacted]

年龄 ——　　船籍港/船旗国 [redacted]

性别 ——　　船舶吨位/主机功率 2/11kw

职务 ——　　船长/法定代表人 [redacted]

联系电话 [redacted]　　联系地址 [redacted]堤口村

调查时间二〇一八年五月四日至二〇一八年五月四日

调查事实：（可另附页）二〇一八年五月四日上午十一时，[redacted]号快艇由[redacted]驾驶在[redacted]内航行，经我海事处巡航人员巡航时发现该快艇上乘客全部未穿戴救生衣，经制作询问笔录并拍照取证，当事人认可上述事实。

证据清单：（可另附页）

证 据 名 称	数量	种类
询问笔录	1	当事人陈述
船员职务适任证书复印件	1	书证
船舶检验证书复印件	1	书证
执法照片	1	书证

拟处理意见：依据上述事实，违反了《河北省内河交通安全管理规定》第十一条之规定，根据《河北省内河交通安全管理规定》第二十四条第二项，给予当事船舶一千元罚款的行政处罚。

执法人员签字：

执法证件编号：　　2018年5月4日

所在部门意见：

部门负责人签字：　　2018年5月4日

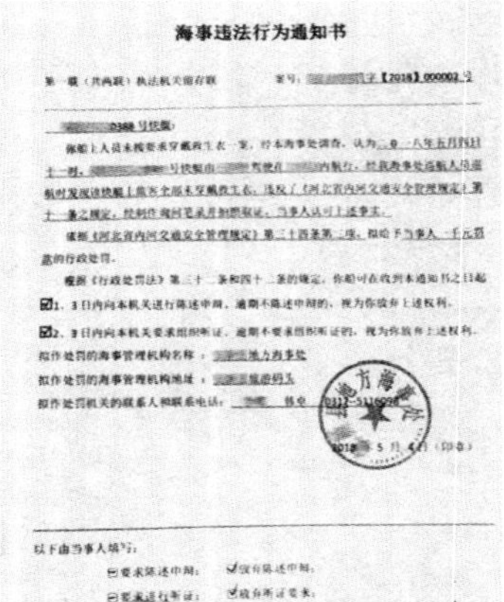

海事违法行为通知书

第一联（共两联）执法机关留存联　　案号：[redacted]罚字【2018】000002号

[redacted]0388号快艇：

你船上人员未按要求穿戴救生衣一案，经本海事处调查，认为二〇一八年五月四日十一时，[redacted]号快艇由[redacted]驾驶在[redacted]内航行，经我海事处巡航人员巡航时发现该快艇上乘客全部未穿戴救生衣，违反了《河北省内河交通安全管理规定》第十一条之规定，经制作询问笔录并拍照取证，当事人认可上述事实。

依据《河北省内河交通安全管理规定》第二十四条第二项，拟给予当事人一千元罚款的行政处罚。

根据《行政处罚法》第三十二条和四十二条的规定，你船可在收到本通知书之日起

☑1. 3日内向本机关进行陈述申辩，逾期不陈述申辩的，视为你放弃上述权利。

☑2. 3日内向本机关要求组织听证，逾期不要求组织听证的，视为你放弃上述权利。

拟作处罚的海事管理机构名称：[redacted]地方海事处

拟作处罚的海事管理机构地址：[redacted]码头

拟作处罚机关的联系人和联系电话：[redacted]　韩业　0312-5116098

2018年5月4日（印章）

以下由当事人填写：

☐要求陈述申辩；　☑放弃陈述申辩；

☐要求进行听证；　☑放弃听证要求。

当事人签名：　　2018年5月4日

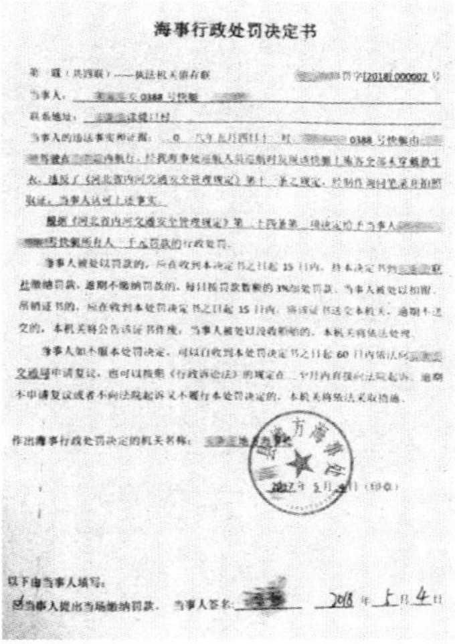

海事行政处罚决定书

第一联（共四联）——执法机关留存联　　[redacted]罚字[2018]000002号

当事人：[redacted]0388号快艇[redacted]

联系地址：[redacted]堤口村

当事人的违法事实和证据：二〇一八年五月四日上午十一时，[redacted]0388号快艇由[redacted]驾驶在[redacted]内航行，经我海事处巡航人员巡航时发现该快艇上乘客全部未穿戴救生衣，违反了《河北省内河交通安全管理规定》第十一条之规定，经制作询问笔录并拍照取证，当事人认可上述事实。

根据《河北省内河交通安全管理规定》第二十四条第二项决定给予当事人[redacted]号快艇所有人一千元罚款的行政处罚。

当事人被处以罚款的，应在收到本决定书之日起15日内，持本决定书到[redacted]缴纳罚款。逾期不缴纳罚款的，每日按罚款数额的3%加处罚款。当事人被处以扣留、吊销证书的，应在收到本处罚决定书之日起15日内，将该证书送交本机关。逾期不送交的，本机关将公告该证书作废。当事人被处以没收船舶的，本机关将依法处理。

当事人如不服本处罚决定，可以自收到本处罚决定书之日起60日内依法向[redacted]交通局申请复议，也可以按照《行政诉讼法》的规定在三个月内直接向法院起诉。逾期不申请复议或者不向法院起诉又不履行本处罚决定的，本机关将依法采取措施。

作出海事行政处罚决定的机关名称：[redacted]地方海事处

2017年5月4日（印章）

以下由当事人填写：

☑当事人提出当场缴纳罚款。　当事人签名：　　2018年5月4日

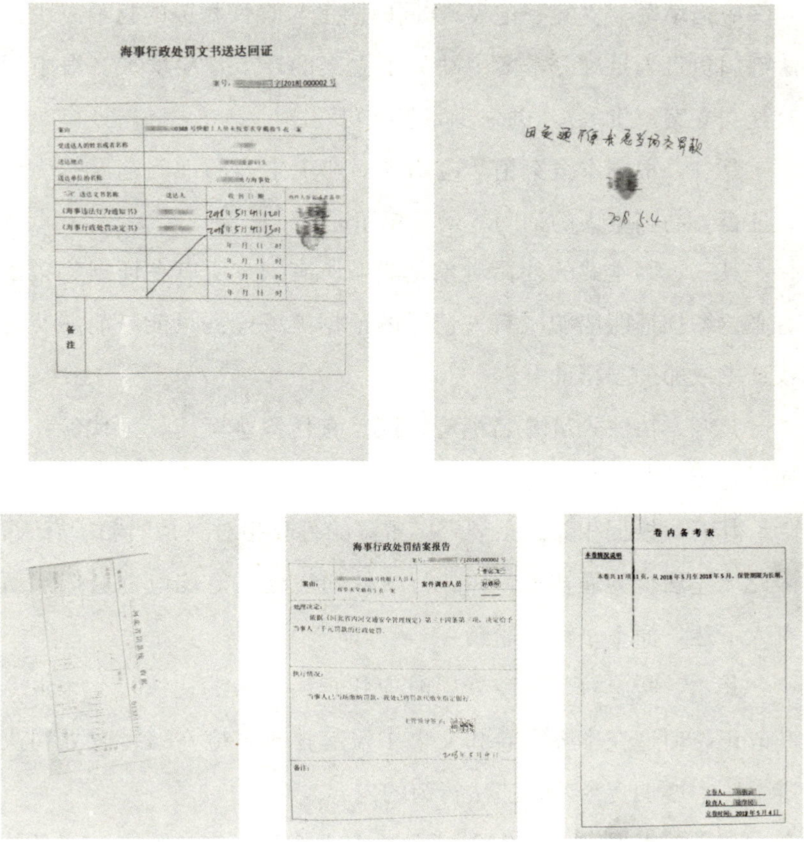
海事行政处罚文书送达回证

海事行政处罚结案报告

卷内备考表

图 1　某县交通局地方海事处关于该案件的处理卷宗

通过本案的执法案卷和文书，可以看到本案基本做到了违法事实清楚、证据确实充分、适用法律规范准确、文书填写规范。但是，其仍有不足，主要有以下几点：

其一，根据《交通运输行政执法程序规定》第六十二条规定，立案应当填写《立案登记表》，同时附上与案件相关的材料，由执法部门负责人批准。本案中缺失了立案的环节，应增加《海事行政处罚立案审批表》，进一步完善处罚程序。

其二，根据本案案情，应增加对船上乘客的询问笔录作为证人证言，与当事人的询问笔录互相印证。

其三，因本案的处罚对象是船舶所有人，所以在证据收集中有必要增加证明船舶所有人情况的证据，该证据只能是船舶所有权证书或船舶国籍证书。

其四，执法人员签名笔迹雷同，有代签嫌疑。如为代签，属违反行政处罚程序的行为。

其五，根据相关法条规定，本案的行政相对人是船舶所有人，因此《违法行为通知书》和《行政处罚决定书》均应针对船舶所有人下达，而不是针对船舶。

其六，实施海事行政处罚时应纠正当事人的违法行为，责令其改正，但这在本案案卷和文书中没有体现。应在《行政处罚决定书》中增加责令改正违法行为的内容。

其七，根据《河北省内河交通安全管理规定》第三十四条的规定，本案的罚款额度应在 200 元以上 1000 元以下。本案给予了当事人 1000 元的罚款，是罚款额度的上限，属于从重处罚。《行政处罚法》第四条规定，实施行政处罚必须以事实为依据，与违法行为的事实、性质、情节及社会危害程度相当。《中华人民共和国海事局海事行政处罚裁量权管理办法》第九条规定，海事行政违法行为的当事人有下列情形之一的，应当从重处以海事行政处罚：一是造成较为严重后果或情节恶劣；二是一年内因同一海事行政违法行为受过海事行政处罚；三是胁迫、诱骗他人实施海事行政违法行为；四是伪造、隐匿、销毁海事行政违法行为证据；五是拒绝接受或阻挠海事管理机构实施监督管理；六是法律、行政法规规定应当从重处以海事行政处罚的其他情形。从本案实际情况来看，并无从重处罚的事实、理由和依据，但仍对当事人进行了从重处罚，显然违反了行政处罚自由裁量中过罚相当的原则，属于处罚不适当，自由裁量不合理。

【案例】

海事行政处罚案例二

本案中内河海事行政处罚具体情况如下：

执法主体：某县地方海事处。

执法对象：某船舶驾驶人。

违法事实：某船舶驾驶人未取得船员适任证书擅自从事船舶航行。

证据：现场笔录；询问笔录（当事人陈述）；船舶驾驶人身份证复印件；现场照片（书证，证明违法事实）。

一、执法依据

《内河安全管理条例》第九条：船员经水上交通安全专业培训，其中客船和载运危险货物船舶的船员还应当经相应的特殊培训，并且经海事管理机构考试合格，取得相应的适任证书或其他适任证件，方可担任船员职务。严禁未取得适任证书或其他适任证件的船员上岗。

《内河安全管理条例》第六十六条：违反本条例的规定，未经考试合格并取得适任证书或其他适任证件的人员擅自从事船舶航行的，由海事管理机构责令其立即离岗，对直接责任人员处2000元以上2万元以下的罚款，并且对聘用单位处1万元以上10万元以下的罚款。

二、执法程序

本案适用行政处罚的一般程序。

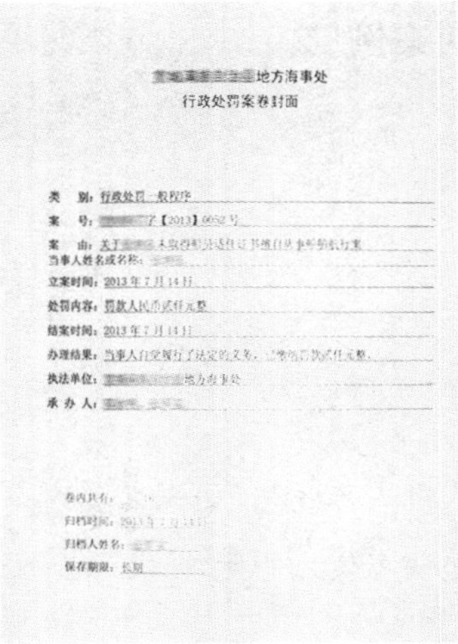
[illegible]地方海事处
行政处罚案卷封面

类　别：行政处罚一般程序
案　号：[illegible]字【2013】0052号
案　由：关于[illegible]未取得相应适任证书擅自从事船舶航行案
当事人姓名或名称：[illegible]
立案时间：2013年7月14日
处罚内容：罚款人民币贰仟元整
结案时间：2013年7月14日
办理结果：当事人自觉履行了法定的义务，已缴纳罚款贰仟元整。
执法单位：[illegible]地方海事处
承办人：[illegible]

卷内共有：[illegible]
归档时间：[illegible]
归档人姓名：[illegible]
保存期限：长期

案卷目录

序号	材料名称	日期	页码	备注
1	海事行政处罚决定书	2013年7月14日	1	✓
2	责令改正通知书	2013年7月14日	2	✓
3	立案审批表	2013年7月14日	3	✓
4	现场笔录	2013年7月14日	4	✓
5	询问笔录	2013年7月14日	5	✓
6	海事违法行为调查报告	2013年7月14日	6	✓
7	海事违法行为通知书	2013年7月14日	7	✓
8	执行的票据	2013年7月14日	8	✓
9	海事行政处罚文书送达回证	2013年7月14日	9	✓
10	海事行政处罚文书送达回证	2013年7月14日	10	✓
11	海事行政处罚文书送达回证	2013年7月14日	11	✓
12	当即处罚申请书	2013年7月14日	12	✓
13	当场缴纳罚款的申请书	2013年7月14日	13	✓
14	当事人身份证明材料	2013年7月14日	14	✓
15	音像视听资料	2013年7月14日	15	✓
16	海事行政处罚结案报告	2013年7月14日	16	✓
17				
18				
19				
20				

卷人：[illegible]　　案卷审核人：[illegible]

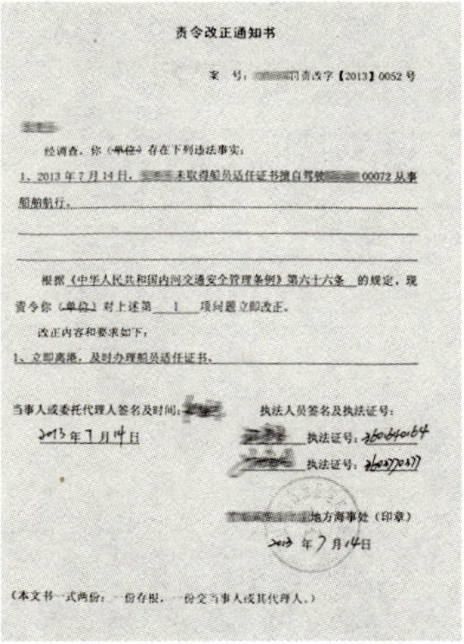

责令改正通知书

案　号：[redacted]罚责改字【2013】0052号

[redacted]

经调查，你（~~单位~~）存在下列违法事实：

1、2013年7月14日，[redacted]未取得船员适任证书擅自驾驶[redacted]00072从事船舶航行。

根据《中华人民共和国内河交通安全管理条例》第六十六条 的规定，现责令你（~~单位~~）对上述第 1 项问题立即改正。

改正内容和要求如下：

1、立即离港，及时办理船员适任证书。

当事人或委托代理人签名及时间：[redacted]
2013年7月14日

执法人员签名及执法证号：
[redacted] 执法证号：3601640164
[redacted] 执法证号：3603770377

[redacted]地方海事处（印章）
2013年7月14日

（本文书一式两份：一份存根，一份交当事人或其代理人。）

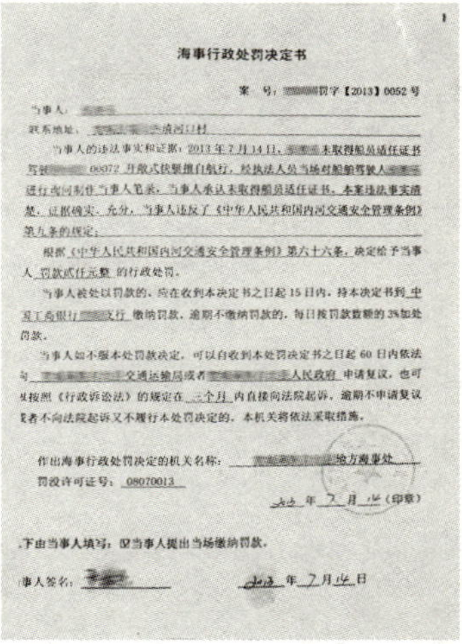

海事行政处罚决定书

案　号：[redacted]罚字【2013】0052号

当事人：[redacted]

联系地址：[redacted]河口村

当事人的违法事实和证据：2013年7月14日，[redacted]未取得船员适任证书驾驶[redacted]00072开敞式快艇擅自航行，经执法人员当场对船舶驾驶人[redacted]进行询问制作当事人笔录，当事人承认未取得船员适任证书。本案违法事实清楚，证据确实、充分，当事人违反了《中华人民共和国内河交通安全管理条例》第九条的规定；

根据《中华人民共和国内河交通安全管理条例》第六十六条，决定给予当事人 罚款贰仟元整 的行政处罚。

当事人被处以罚款的，应在收到本决定书之日起15日内，持本决定书到 中国工商银行[redacted]支行 缴纳罚款。逾期不缴纳罚款的，每日按罚款数额的3%加处罚款。

当事人如不服本处罚决定，可以自收到本处罚决定书之日起60日内依法向[redacted]交通运输局或者[redacted]人民政府 申请复议，也可以按照《行政诉讼法》的规定在 三个月 内直接向法院起诉。逾期不申请复议或者不向法院起诉又不履行本处罚决定的，本机关将依法采取措施。

作出海事行政处罚决定的机关名称：[redacted]地方海事处

罚没许可证号：08070013

2013年7月14（印章）

下由当事人填写：仅当事人提出当场缴纳罚款。

事人签名：[redacted]　　2013年7月14日

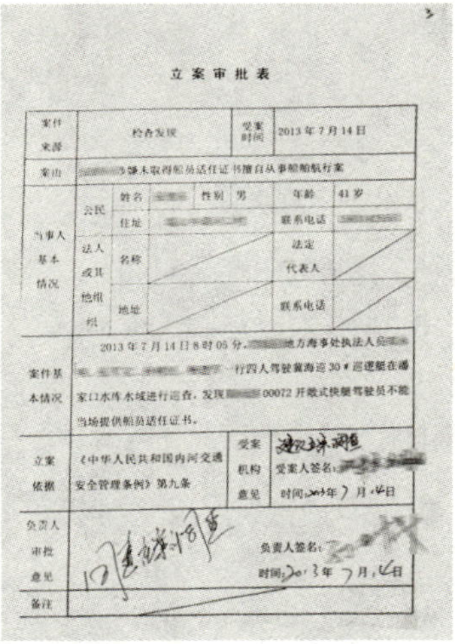

立案审批表

案件来源	检查发现			受案时间	2013年7月14日	
案由	[redacted]涉嫌未取得船员适任证书擅自从事船舶航行案					
当事人基本情况	公民	姓名	[redacted] 性别 男		年龄	41岁
		住址	[redacted]		联系电话	[redacted]
	法人或其他组织	名称			法定代表人	
		地址			联系电话	
案件基本情况	2013年7月14日8时05分，[redacted]地方海事处执法人员[redacted]一行四人驾驶赣海巡30＃巡逻艇在[redacted]家口水库水域进行巡查，发现[redacted]00072开敞式快艇驾驶员不能当场提供船员适任证书。					
立案依据	《中华人民共和国内河交通安全管理条例》第九条		受案机构意见	受案人签名：[redacted] 时间：2013年7月14日		
负责人审批意见	负责人签名：[redacted] 时间：2013年7月14日					
备注						

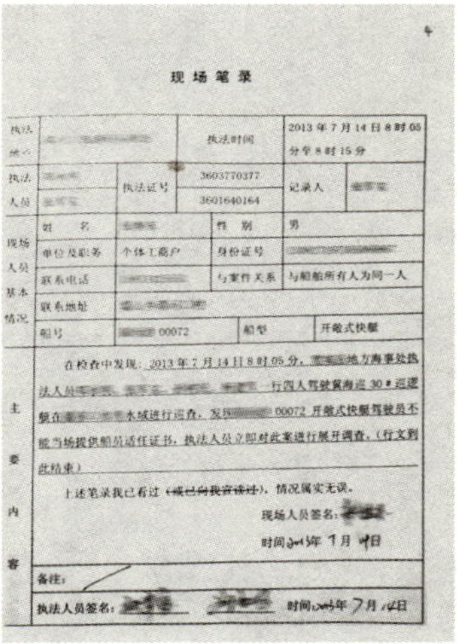

现场笔录

执法地点	[redacted]		执法时间	2013年7月14日8时05分至8时15分	
执法人员	[redacted]	执法证号	3603770377	记录人	[redacted]
	[redacted]		3601640164		
现场人员基本情况	姓　名	[redacted]	性　别	男	
	单位及职务	个体工商户	身份证号	[redacted]	
	联系电话	[redacted]	与案件关系	与船舶所有人为同一人	
	联系地址	[redacted]			
	船号	[redacted]00072	船型	开敞式快艇	
主要内容	在检查中发现：2013年7月14日8时05分，[redacted]地方海事处执法人员[redacted]一行四人驾驶赣海巡30＃巡逻艇在[redacted]水域进行巡查，发现[redacted]00072开敞式快艇驾驶员不能当场提供船员适任证书，执法人员立即对此案进行展开调查。（行文到此结束） 上述笔录我已看过（~~或已向我宣读过~~），情况属实无误。 现场人员签名：[redacted] 时间2013年7月14日				
	备注：				
	执法人员签名：[redacted]　[redacted]　时间2013年7月14日				

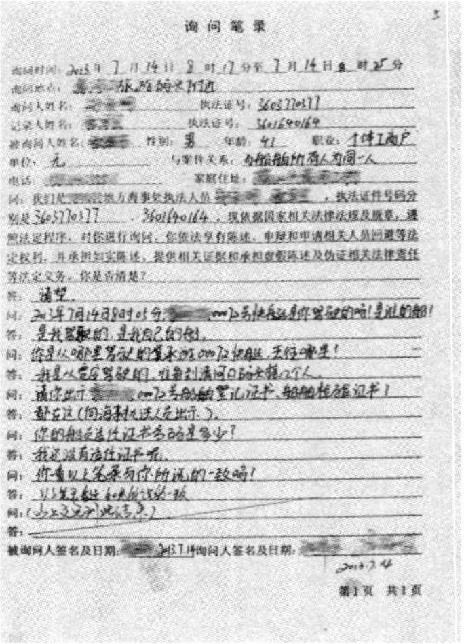

5

询问笔录

询问时间：2013年7月14日8时17分至7月14日8时25分
询问地点：旅游码头附近
询问人姓名：　　执法证号：3603770377
记录人姓名：　　执法证号：3601640164
被询问人姓名：　　性别：男　年龄：41　职业：个体工商户
单位：无　　与案件关系：与船舶所有人为同一人
电话：　　家庭住址：
问：我们是　　地方海事处执法人员　　，执法证件号码分别是3603770377，3601640164，现依据国家相关法律法规及规章，遵照法定程序，对你进行询问，你依法享有陈述、申辩和申请相关人员回避等法定权利，并承担如实陈述、提供相关证据和承担虚假陈述及伪证相关法律责任等法定义务，你是否清楚？
答：清楚。
问：2013年7月14日8时05分，　　0072号快艇是你驾驶的吗？是谁的船？
答：是我驾驶的，是我自己的船。
问：你是从哪里驾驶的冀承渡0072快艇，去往哪里？
答：我是从　　驾驶的，准备到潘河口码头接几个人。
问：请你出示　　0072号船舶的登记证书，船舶检验证书？
答：都在这（向海事执法人员出示）。
问：你的船员适任证书号码是多少？
答：我还没有适任证书呢。
问：你看以上笔录与你所说的一致吗？
答：以上笔录和我所说的一致
问：（以上笔录和我说的一样）
答：
被询问人签名及日期：　　2013.7.14　询问人签名及日期：　　2013.7.14

第1页　共1页

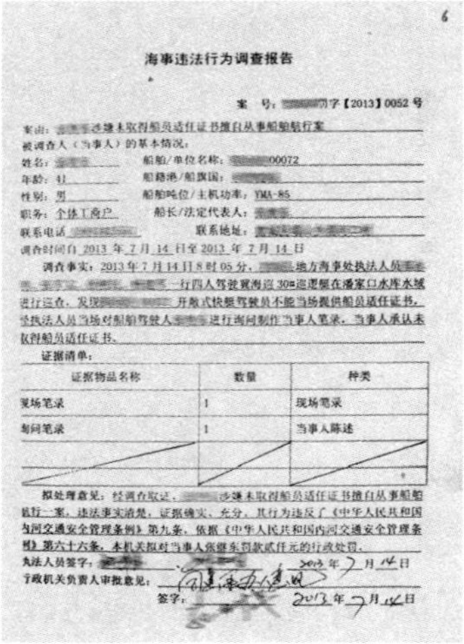

6

海事违法行为调查报告

案　号：　　罚字【2013】0052号

案由：　　涉嫌未取得船员适任证书擅自从事船舶航行案
被调查人（当事人）的基本情况：
姓名：　　船舶/单位名称：　　00072
年龄：41　　船籍港/船旗国：
性别：男　　船舶吨位/主机功率：YMA-85
职务：个体工商户　　船长/法定代表人：
联系电话　　联系地址：
调查时间自2013年7月14日至2013年7月14日
调查事实：2013年7月14日8时05分，　　地方海事处执法人员　　一行四人驾驶冀海巡30#巡逻艇在潘家口水库水域进行巡查，发现　　开敞式快艇驾驶员不能当场提供船员适任证书。经执法人员当场对船舶驾驶人　　进行询问制作当事人笔录，当事人承认未取得船员适任证书。
证据清单：

证据物品名称	数量	种类
现场笔录	1	现场笔录
询问笔录	1	当事人陈述

拟处理意见：经调查取证，　　涉嫌未取得船员适任证书擅自从事船舶航行一案，违法事实清楚，证据确实、充分，其行为违反了《中华人民共和国内河交通安全管理条例》第九条，依据《中华人民共和国内河交通安全管理条例》第六十六条，本机关拟对当事人张继东罚款贰仟元的行政处罚。
执法人员签字：　　2013年7月14日
行政机关负责人审批意见：同意承办人意见
签字：　　2013年7月14日

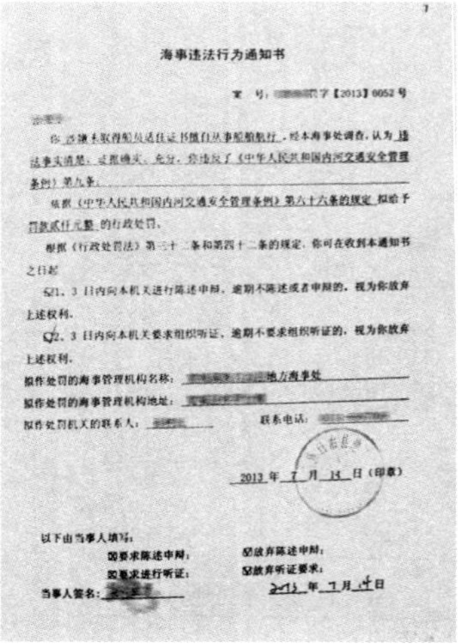

7

海事违法行为通知书

案　号：　　罚字【2013】0052号

你涉嫌未取得船员适任证书擅自从事船舶航行，经本海事处调查，认为违法事实清楚，证据确实、充分，你违反了《中华人民共和国内河交通安全管理条例》第九条。

依据《中华人民共和国内河交通安全管理条例》第六十六条的规定，拟给予罚款贰仟元整的行政处罚。

根据《行政处罚法》第三十二条和第四十二条的规定，你可在收到本通知书之日起

☑1．3日内向本机关进行陈述申辩，逾期不陈述或者申辩的，视为你放弃上述权利。

☑2．3日内向本机关要求组织听证，逾期不要求组织听证的，视为你放弃上述权利。

拟作处罚的海事管理机构名称：　　地方海事处
拟作处罚的海事管理机构地址：
拟作处罚机关的联系人：　　联系电话：

2013年7月14日（印章）

以下由当事人填写：
☒要求陈述申辩；　☑放弃陈述申辩；
☒要求进行听证；　☑放弃听证要求；
当事人签名：　　2013年7月14日

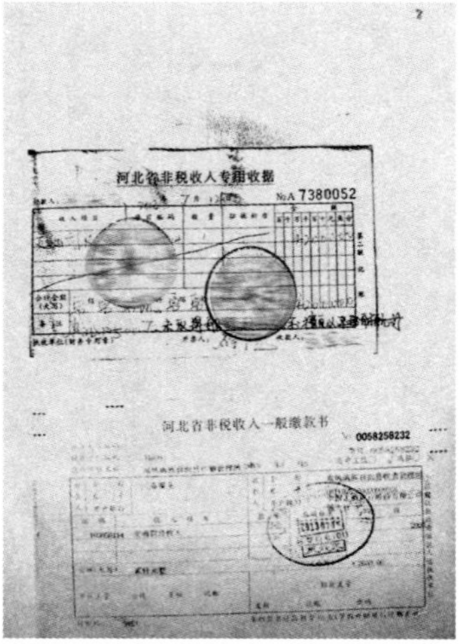

河北省非税收入专用收据
№A 7380052

河北省非税收入一般缴款书
0058258232

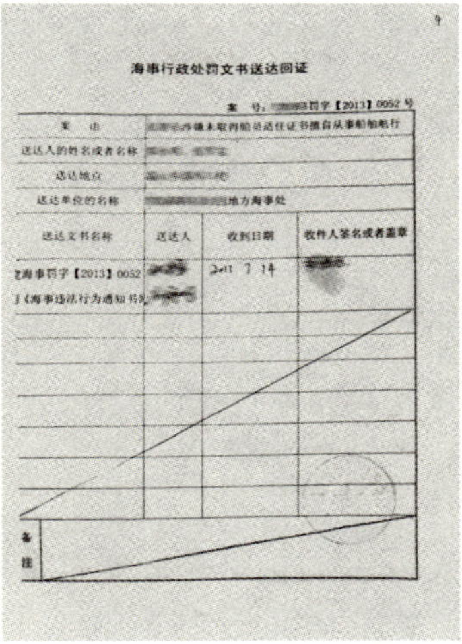

9

海事行政处罚文书送达回证

案　号：[redacted]罚字【2013】0052号

案　由	[redacted]涉嫌未取得船员适任证书擅自从事船舶航行		
送达人的姓名或者名称	[redacted]		
送达地点	[redacted]		
送达单位的名称	[redacted]地方海事处		
送达文书名称	送达人	收到日期	收件人签名或者盖章
海事罚字【2013】0052号《海事违法行为通知书》	[redacted]	2013 7 14	[redacted]
备注			

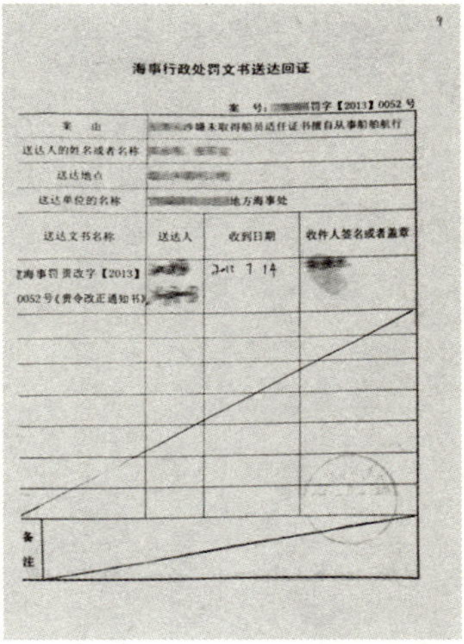

9

海事行政处罚文书送达回证

案　号：[redacted]罚字【2013】0052号

案　由	[redacted]涉嫌未取得船员适任证书擅自从事船舶航行		
送达人的姓名或者名称	[redacted]		
送达地点	[redacted]		
送达单位的名称	[redacted]地方海事处		
送达文书名称	送达人	收到日期	收件人签名或者盖章
海事罚责改字【2013】0052号《责令改正通知书》	[redacted]	2013 7 14	[redacted]
备注			

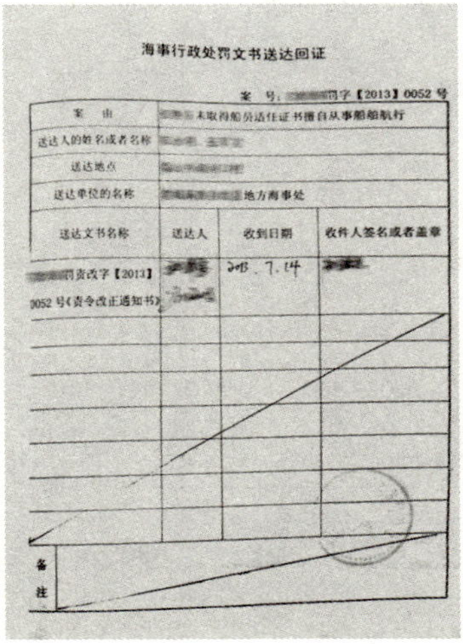

海事行政处罚文书送达回证

案　号：[redacted]罚字【2013】0052号

案　由	[redacted]未取得船员适任证书擅自从事船舶航行		
送达人的姓名或者名称	[redacted]		
送达地点	[redacted]		
送达单位的名称	[redacted]地方海事处		
送达文书名称	送达人	收到日期	收件人签名或者盖章
[redacted]罚责改字【2013】0052号《责令改正通知书》	[redacted]	2013.7.14	[redacted]
备注			

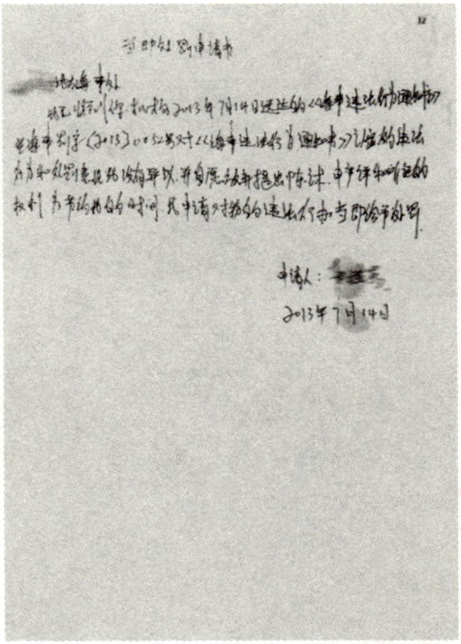

12

当场处罚申请书

[redacted]地方海事处：

我已收到你处于2013年7月14日送达的《海事违法行为通知书》（海事罚字〔2013〕0052号）。对于《海事违法行为通知书》认定的违法事实和处罚意见我没有异议，并自愿放弃提出申辩陈述、申请听证的权利，为节约双方时间，我申请对我的违法行为当场给予处罚。

申请人：[redacted]

2013年7月14日

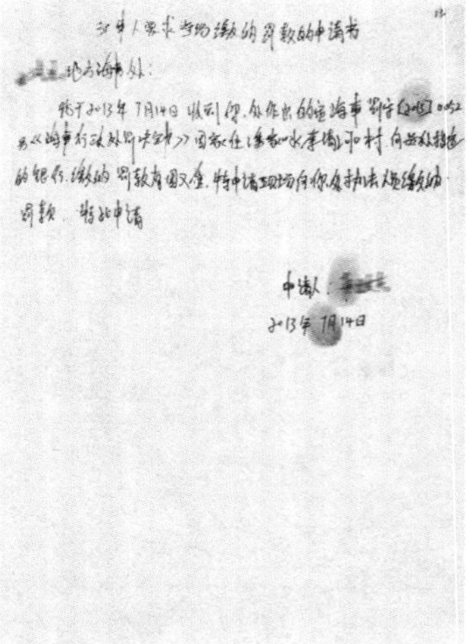

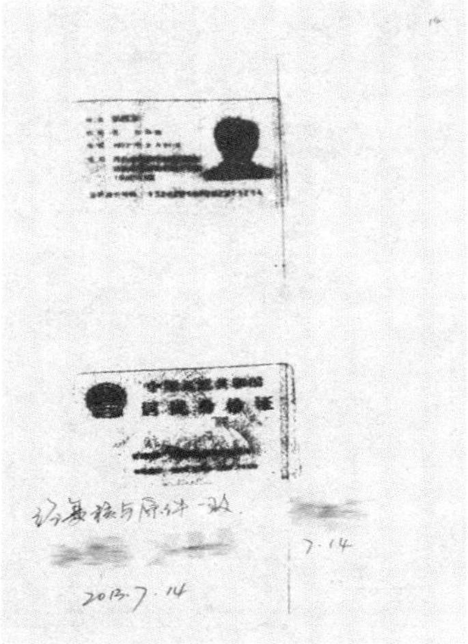

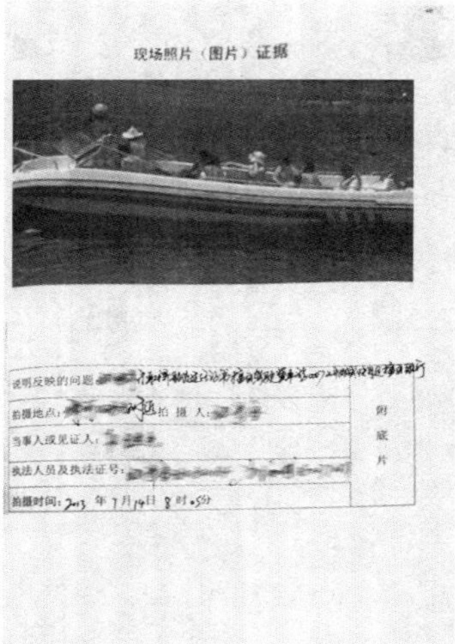

现场照片（图片）证据

说明反映的问题：[redacted]		附底片
拍摄地点：[redacted]	拍摄人：[redacted]	
当事人或见证人：[redacted]		
执法人员及执法证号：[redacted]		
拍摄时间：2013 年 7 月 14 日 8 时 05 分		

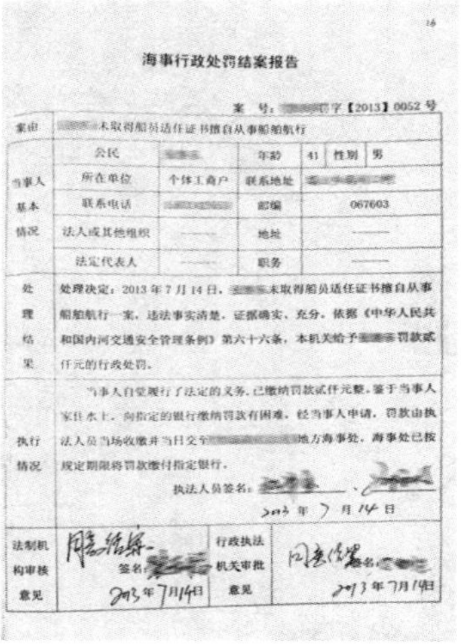

16

海事行政处罚结案报告

案号：[redacted]字【2013】0052 号

案由	[redacted]未取得船员适任证书擅自从事船舶航行					
当事人基本情况	公民	[redacted]	年龄	41	性别	男
	所在单位	个体工商户	联系地址	[redacted]		
	联系电话	[redacted]	邮编	067603		
	法人或其他组织	——	地址	——		
	法定代表人	——	职务	——		
处理结果	处理决定：2013 年 7 月 14 日，[redacted]未取得船员适任证书擅自从事船舶航行一案，违法事实清楚，证据确实、充分。依据《中华人民共和国内河交通安全管理条例》第六十六条，本机关给予[redacted]罚款贰仟元的行政处罚。					
执行情况	当事人自觉履行了法定的义务，已缴纳罚款贰仟元整。鉴于当事人家住水上，向指定的银行缴纳罚款有困难，经当事人申请，罚款由执法人员当场收缴并当日交至[redacted]地方海事处，海事处已按规定期限将罚款缴付指定银行。执法人员签名：[redacted] 2013 年 7 月 14 日					
法制机构审核意见	同意结案 签名：[redacted] 2013 年 7 月 14 日		行政执法机关审批意见	同意结案 签名：[redacted] 2013 年 7 月 14 日		

图 2　某县地方海事处关于该案件的行政处罚卷宗

通过本案的执法案卷和文书，可以看到本案基本做到了违法事实清楚、证据确实充分、适用法律规范准确、文书填写规范。但是，其仍有不足，主要有以下几点：

其一，当事人身份证复印件、现场照片应和现场笔录、询问笔录一起作为调查报告中的证据使用，而非单独的文件资料。

其二，罚款应使用省财政部门统一制发的罚款收据，不应使用“非税收入专用收据”。海事管理机构应到政府财政部门和法制部门办理《罚没许可证》，进行罚款的行政处罚时应使用专用票据。

其三，《责令改正通知书》中的“立即离港”应为“立即离岗”。

其四，当事人提出的“当场处罚申请”没有任何法律依据。在行政处罚中，只有警告、对公民处50元以下罚款、对法人或其他组织处1000元以下罚款时才能应用简易程序进行当场处罚。因此，是否当场处罚是法律的“硬性”规定，不是当事人申请与否可以左右的。本案应用了海事行政处罚的一般程序，程序各环节较为规范完整，当事人也完全没有必要提出此类申请。

其五，在《海事行政处罚决定书》中，告知的复议机关有误。根据《行政复议法》第十五条第（三）款规定：对法律、法规授权的组织的具体行政行为不服的，分别向直接管理该组织的地方人民政府、地方人民政府工作部门或国务院部门申请行政复议。因此，本案的复议机构应仅为本县交通运输局，不应包括县人民政府。

此外，本案发生在2013年，部分海事行政处罚文书，如《立案审批表》等不是最新制式，应加以注意。另外，如果在实际执法中发现违法船员受聘于任何单位，应对违法船员和聘用单位同时给予行政处罚。

需要指出的是，交通运输部于2019年4月颁布的《交通运输行政执法程序规定》（交通运输部2019年第9号令，2019年6月1日起施行）第七十六条规定："执法部门做出下列行政处罚决定之前，应当在送达《违法行为通知书》时告知当事人有要求举行听证的权利：（一）责令停产停业；（二）吊销许可证或者执照；（三）较大数额罚款；（四）法律、法规和规章规定的当事人可以要求举行听证的其他情形。前款第（三）项规定的较大数额，地方执法部门按照省级人大常委会或人民政府规定或其授权部门规定的标准执行。海事执法部门按照对自然人处1万元以上、对法人或其他组织处10万元以上执行。"据此，海事执法部门不应再执行省政府关于较大数额罚款的规定，而是只有对自然人处1万元以上、对法人或其他组织处10万元以上的罚款时，才应告知行政相对人有申请听证的权利。类似上述两个案例中罚款数额不足1万元的，自2019年6月1日之后，海事执法部门在送达《违法行为通知书》时不应再告知当事人有要求举行听证的权利。

第三节　内河海事行政强制

海事行政强制，是在行政强制的种类与适用上不同于其他行政强制的行政执法活动，具有其特殊性，也有相应的专门规定：交通运输部海事局于2012年7月27日制定发布了《中华人民共和国海事行政强制实施程序规定》，自发布之日起施行。因《行政强制法》没有给出专门的行政强制概念，而是将其分解为行政强制措施和行政强制执行分别进行定义：行政强制措施，是指行政机关在行政管理过程中，为制止违法行为、防止证据损毁、避免危害发生、控制危险扩大等情形，依法对公民的人身自由实施暂时性限制，或者对公民、法人或其他组织的财物实施暂时性控制的行为；行政强制执行，是指行政机关或行政机关申请人民法院，对不履行行政决定的公民、法人或其他组织，依法强制履行义务的行为。据此，海事行政强制分为海事行政强制措施和海事行政强制执行。

一、内河海事行政强制的种类

海事行政强制的具体种类分别体现在不同的海事行政法律规范中。部海事局于2012年7月27日制定发布的《海事行政强制实施程序规定》中没有明确规定海事行政强制的种类。根据《行政强制法》规定，并且结合相关海事法规和国内已有的行政强制案例，可以总结为以下几点：

（一）海事行政强制措施

1. 内河暂扣船舶（浮动设施）。

2. 内河拆除动力装置。

3. 扣押违法运输危险化学品及运输工具。

4. 查封、扣押不符合保障安全生产的国家标准或行业标准的设施、设备、器材。

（二）海事行政强制执行：

1. 代履行：强制卸载；强制拆（清）除；强制拖离（航）；沉船沉物强制打捞；强制清污；强制设置标志。

2. 申请人民法院强制执行。

（三）一些执法行为在执法性质上存在争议

如“禁止进港、离港”“责令立即离岗”“责令临时停航、驶向指定地点”“责令改航”“责令离港”“责令申请重新检验”等，是否更宜视为行政命令而非行政强制；“责令停航”“责令停止作业”是否更宜视为行政处罚而非行政强制。这些问题在全国海事系统无论是理论还是实务中至今尚无定论，众说纷纭，分歧较大。

二、内河海事行政强制措施实施程序

（一）一般规定

1. 海事管理机构实施海事行政强制措施时，应当由两名以上海事执法人员实施，出示海事行政执法证件。

2. 海事管理机构采取海事行政强制措施前，海事执法人员应当制作《海事行政强制审批表》，报海事管理机构负责人批准。

3. 实施海事行政强制措施时，应当通知当事人到场，当场送达《海事行政强制措施决定书》。

4. 当事人进行陈述和申辩的，应当充分听取当事人的意见，对当事人提出的事实、理由和证据进行复核；当事人提出的事实、理由或证据成立的，海事管理机构应当采纳。

（二）查封、扣押程序

1. 海事管理机构采取查封、扣押措施的，应当制作《海事行政强制措施决定书》和查封、扣押清单。查封、扣押清单应当由执法人员、当事人或见证人签字（盖章），并且详细载明查封、扣押的时间和地点，查封、扣押的船舶、货物、设施的基本信息、数量及状况等事项。海事管理机构采取查封、扣押措施后，应当及时查清事实，在30日内做出处理决定。情况复杂，需要延长期限的，应当填写《海事行政强制审批表》，报海事管理机构负责人批准，但是延长期限最长不得超过30日。

2. 对查封、扣押的船舶、设施、货物等做出延长查封、扣押期限的，进行检测、检验、检疫或技术鉴定的，依法没收或销毁的处理决定前，海事管理机构应当制作并送达《查封/扣押告知书》。

3. 解除查封、扣押的，海事管理机构应当及时制作《解除查封/扣押决定书》和退还物品清单，经海事管理机构负责人批准后送达当事人。

退还物品清单应当由执法人员、当事人或见证人签字（盖章），并且载明退还时间、地点，退还查封、扣押的船舶、货物、设施等财物的基本信息、数量及状况等事项。

（三）简易程序

因情况紧急，有下列情形之一，可以按照简易程序的规定，当场实施海事行政强制措施：

1. 造成或可能造成水上交通安全或水域污染事故的，属于突发事件的除外。

2. 造成或可能造成违法行为证据灭失的。

3. 其他可能对人身、财产、社会公共利益造成影响的紧急情况。

当场实施海事行政强制措施的，海事执法人员应当当场告知当事人采取行政强制措施的理由、依据及当事人依法享有的权利、救济途径，制作《海事行政强制现场笔录》，并且在（返回岸上后）24 小时内制作《海事行政强制审批表》，补办批准手续。海事管理机构负责人认为不应当采取海事行政强制措施的，应当立即解除。

三、内河海事行政强制中存在的问题

根据《行政强制法》第十三条规定，行政强制执行由法律设定。需要注意的是，法律没有规定行政机关强制执行的，做出行政决定的行政机关应当申请人民法院强制执行。内河海事管理机构行政强制依据为《内河交通安全管理条例》《船舶登记条例》《船舶与海上设施检验条例》等行政法规，没有法律。由于内河海事行政强制方面的立法还不够完善，直接导致了内河海事行政强制执行依据不足、效力不高。严格来说，内河各级海事管理机构不具备行政强制执行权力，只能申请人民法院强制执行。在实际操作中，.也应慎用或尽量避免使用代履行这类行政强制执行，最大限度地减少执法中的主观随意性，以免发生违法执法问题。相信今后随着海事行政强制立法的不断完善，内河海事管理机构行政强制职权的行使能够得到更好的保障。

第五章　内河航道、航标

第一节　航道

航道，是指中华人民共和国领域内的江河、湖泊等内陆水域中可以供船舶通航的通道，以及内海、领海中经建设、养护可以供船舶通航的通道。航道包括通航建筑物、航道整治建筑物和航标等航道设施。

国家航道，是指构成国家航道网、可以通航500吨级以上船舶的内河干线航道；跨省、自治区、直辖市，可以常年（不包括封冻期）通航300吨级以上（含300吨级）船舶的内河干线航道；可通航3000吨级以上（含3000吨级）海船的沿海干线航道；对外开放的海港航道；国家指定的重要航道。

地方航道，是指可以常年通航300吨级以下（含不跨省可通航300吨级）船舶的内河航道；可通航3000吨级以下的沿海航道及地方沿海中小港口间的短程航道；非对外开放的海港航道；其他属于地方航道主管部门管理的航道。

一、航道管理机构及其职责

交通运输部按海区和内河水系设置的航道管理机构或交通运

输部委托的省、自治区、直辖市交通运输主管部门设置的航道管理机构负责管理国家航道及其航道设施。

省、自治区、直辖市交通运输主管部门设置的航道管理机构负责管理地方航道及其航道设施。

在管理过程中，一般分省和地、市两级管理，也可由省级统一管理；水运发达地区，可增加县一级管理。管理机构及权限的确定，由省、自治区、直辖市交通运输主管部门根据本省情况报省、自治区、直辖市人民政府审批。

专用航道及其航道设施由专用部门管理。除军事专用航道外，其他专用航道应当接受当地航道管理机构的业务监督和指导。

（一）各级交通运输主管部门对航道管理的主要职责

1. 组织宣传、贯彻《中华人民共和国航道法》（以下简称《航道法》）、《中华人民共和国航道管理条例》（以下简称《航道管理条例》）和《中华人民共和国航道管理条例实施细则》（以下简称《航道管理条例实施细则》）及国家其他有关航道建设、养护、管理的方针、政策、法律、法规和有关技术标准。

2. 组织编制所辖航道的发展规划和协同有关部门编制专用航道的发展规划。

3. 配合有关部门进行与通航有关的河流流域的综合规划或区域的综合规划的编制工作。

4. 向交通运输部或省级人民政府提出划分航道技术等级方案。

5. 协调与航道管理和航运有关的事宜。

6. 根据《航道法》《航道管理条例》和《航道管理条例实施细则》，对违反航道管理的行为进行处罚，或者授权航道管理机构进行处罚。

（二）各级航道管理机构的主要职责

1. 根据《航道法》《航道管理条例》《航道管理条例实施细则》及国家其他有关规定和技术标准，对所辖航道及航道设施实施管理、养护和建设。

2. 审批与通航有关的拦河、跨河、临河建筑物的通航标准和技术要求。

3. 参加编制航道发展规划，拟订航道技术等级，组织航道建设计划的实施。

4. 配合有关部门开展与通航有关河流的综合开发与治理；负责处理水资源综合利用中与航道有关的事宜。

5. 组织开展航道科学研究、先进技术交流和对航道职工进行技术业务培训。

6. 负责对船舶过闸费等规费的征收和使用管理。

7. 负责发布内河航道通告。

8. 负责航道及航道设施的保护，制止偷盗、破坏航道设施及侵占和损坏航道的行为。

9. 接受交通运输主管部门委托，对违反《航道法》《航道管理条例》和《航道管理条例实施细则》的行为进行处罚。

二、内河航道及内河航道等级

内河航道，是指在内陆水域中用于船舶航行的通道。内陆水域包括江、河、湖、水库、人工运河和渠道等。内河航道可分为天然航道和人工航道两类。

内河航道等级，是按照河流所能通行船只大小所做的等级分类。根据《内河通航标准》（GB50139-2014），内河航道被分为7个等级。

一级航道，可通航3000吨。

二级航道，可通航2000吨。

三级航道，可通航1000吨。三级航道尺度的最低标准为水深3.2米、底宽45米。根据《内河通航标准》，新建的桥梁采用一跨过河，桥梁净空高度不小于7米。

四级航道，可通航500吨。四级航道尺度的最低标准为水深2.5米、底宽40米。

五级航道，可通航300吨。

六级航道，可通航100吨。

七级航道，可通航50吨。

第二节　航标

航标，是指供船舶定位、导航或用于其他专用目的的助航设施，包括视觉航标、无线电导航设施和音响航标。

内河航标管理的范围包括江河、湖泊、水库、运河等内河通航水域的航标。

国务院交通行政主管部门设立的航道管理机构和县级以上地

方人民政府交通行政主管部门（以下统称航标管理机构）负责管理江河、湖泊、水库、运河等内河通航水域的航标工作。

一、航标管理机构管理职责

（一）航标管理机构对航标进行管理的基本职责

1. 负责宣传、贯彻、执行上级各项指示、规定。

2. 制定航标工作规章制度，督促、检查贯彻执行情况。

3. 负责编制和审定航标维护工作计划，提出实施措施。

4. 掌握航道特征、水情变化及碍航物分布情况，保持航标的正常状态并发布航道通告。

5. 定期检查航标，指导和帮助基层班组工作。

6. 编制航标船艇及设备维修保养计划并组织实施。

7. 收集整理航标技术资料，分析航标维护质量，总结航标维护管理经验。

8. 参加评审本辖区与航道有关的拦河、跨河、临河建筑物及其他水上工程的航标设施建设项目和审定航标配布图。

9. 参与航标新材料、新结构、新工艺的研制、鉴定和推广使用。

10. 按规定对违反《中华人民共和国航标条例》《航道管理条例》及其实施细则和本办法中有关航标保护条款及其他有关规定的行为进行处罚。

各级航标管理机构应按第 5 条规定的基本职责，结合本部门的实际情况，制定本部门的具体职责。

（二）基层班组的基本职责

1. 贯彻执行航标技术规定和安全生产制度，完成辖区航标维护计划。

2. 负责航标的设置、维护和通行信号的揭示。

3. 掌握航道变化，及时调标、改槽。

4. 按规定测报航道尺度，并且向上级报告航道情况，及时提出辖区航道内需要采取工程措施的建议。

5. 负责航标设备及船艇的管理和日常维修保养工作。

6. 做好航标维护和信号台工作记录，按时填报报表。

7. 对损害航标设施的行为予以制止并向上级报告。

8. 对漂移、流失、损坏的航标，必须及时恢复；不能及时恢复，应发布航道通电，通报船舶和有关单位。

航标管理机构应根据需要配备航标工作船艇及维护航标的设备。

基层班组的管辖范围、人员编制、船艇及主要设备的配备等，按部颁《内河航道维护技术规范》的规定执行。

二、内河航标的功能分类

内河航标按功能可被分为航行标志、信号标志、专用标志三类。

航行标志，是指示航道方向、界限和碍航物的标志，包括过河标、沿岸标、导标、过渡导标、首尾导标、侧面标、左右通航标、示位标、泛滥标、桥涵标。

通行信号标，设在上、下行船舶相互不能同视，同向并驶或对驶有危险的狭窄、急弯航段或单孔通航的桥梁、通航建筑物及施工禁航等需通航控制的河段，利用信号控制上行或下行的船舶单向顺序通航或禁止通航。

专用标志为标示沿、跨航道的各种建筑物或为标示特定水域所设置的标志。其主要功能不是为了助航的统称为专用标志，包括管线标、专用标两种。

第六章　水路运输管理

水路运输管理与海事管理一样，都是交通行政管理的分支，与海事管理并行依照职权负责水上交通管理。水路运输管理部门代表国家依法行使职权，针对不同的管理对象、管理内容、管理目的实施管理行为。

国务院交通运输部门主管全国水路运输管理工作。县级以上地方人民政府交通运输主管部门主管本行政区域的水路运输管理工作。县级以上地方人民政府负责水路运输管理的部门或机构（以下统称负责水运管理的部门）具体实施水路运输管理工作。各级交通运输主管部门和水路运输管理机构依据国家规定的法律、法规、规章等对水路运输经营行为、经营者、经营性船舶实施行政许可、行政处罚及对水路运输市场实施监督管理。

水路运输管理与海事管理不同的是海事管理侧重对通航水域船舶从事航行、停泊、作业及与水上交通安全有关的活动依法进行监督检查；水路运输管理侧重对通航水域内的经营性旅客运输和货物运输的企业或个人及水运输市场依法进行监督检查。海事管理是以水上交通安全为侧重点；水路运输管理以保护水路运输市场的公平竞争、禁止垄断和不正当竞争行为为侧重点。水路运输管理的目的是为了规范国内水路运输经营行为，维护国内水路运输市场秩序，保障国内水路运输安全，促进国内水路运输业健康发展。

水路运输是以船舶为主要运输工具，以港口或港站为运输基地，以水域包括海洋、河流和湖泊为运输活动范围的一种运输方式。国内水路运输（下称水路运输），是指始发港、挂靠港和目的港均在中华人民共和国管辖的通航水域内的经营性旅客运输和货物运输。按照经营区域可被分为沿海水路运输和内河水路运输，按照业务种类又可被分为货物国内水路运输和旅客国内水路运输。

第一节　国内水路运输业经营许可

国内水路运输是出发港和目的港均在中华人民共和国国内，并且结算行为也发生在国内的经营性水上运输活动。

我国有些地区水资源比较丰富，河流、湖泊相互交叉形成了天然航道，带动了当地水路运输事业的发展；同时，这些区域的水路运输管理部门建立了各种相对完善的管理制度，促进了区域内水路运输市场的健康有序发展。

我国内河非水网通航水域内的水路运输及水路运输管理的发展就相对滞后。非水网地区是不靠沿海，没有大的或多条河流贯穿于境内，水上运输量小且运输规模不发达地区的泛称。该类区域多是在旅游景区或景点，以运送旅游的游客为主，从事水上货物运输活动的较少。

一、国内水路运输业经营许可申请

依据《中华人民共和国水路运输管理条例》《国内水路运输管理规定》的规定，企业和个人都可以申请从事国内水路运输经营业务，但国家为从事水路运输经营活动设立了行政许可制度。

国内水路运输按照业务种类分为旅客运输和货物运输。旅客运输包括普通客船运输、客货船运输和滚装客船运输。货物运输又分为普通货物运输和危险货物运输。危险货物运输分为包装、散装固体和散装液体危险货物运输。散装液体危险货物运输包括液化气体船运输、化学品船运输、成品油船运输和原油船运输。普通货物运输包含拖航。

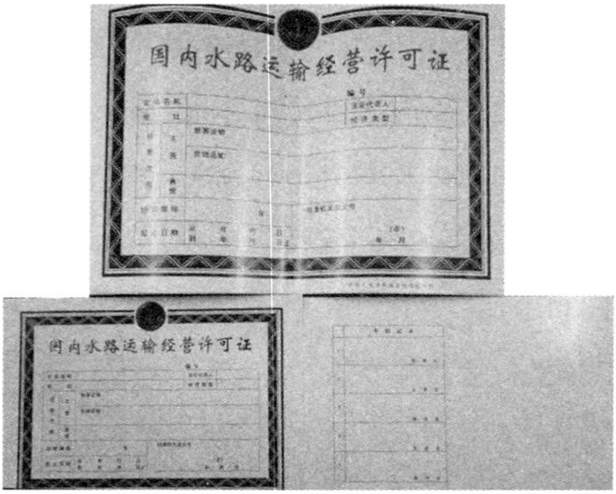

图 6-1　《国内水路运输经营许可证》正副本

随着改革开放程度的进一步加深，交通运输部为了落实和执行好国家提出的“先照后证”的工作，企业或个人从事水路运输业务由先到水路运输管理部门申请《水路运输经营许可证》，再到市场监督管理部门申请并取得《营业执照》，改为先取得《营业执照》后再申请《国内水路运输经营许可证》，企业即可从事水路运输经营活动，在很大程度上方便了企业的经营活动。

《国内水路运输经营许可证》分为正、副本。正本单面；副本为正、反面，反面为审验记录页。

（一）企业申请水路运输业务的条件

企业申请省际客船运输、省际危险品船运输业务需要到交通运输部申请办理；申请省际普通货船运输业务需要到省级人民政府水路运输管理部门办理；申请省内其他水路运输业务需要到企业所在地设区市人民政府水路运输管理部门办理。

申请人的申请条件如下：

1. 取得企业法人资格。申请人首先到市场监督管理部门办理登记，领取《营业执照》是企业取得法人资格的具体表现形式。法人是享有民事权利能力和民事行为能力，能以自己名义享有民事权利和负担民事义务的组织。从事水路运输经营活动的只能是企业法人而不能是机关法人、事业单位法人、社会团体法人。

2. 持有合法有效的船舶证书，并且自有船舶运力符合国务院交通运输主管部门的规定。合法有效的船舶证书即船舶所有权登记证书、船舶国籍证书、船舶检验证书及按照相关法律、法规规定证明船舶符合安全与防污染和检验要求的其他船舶证书，而且自有船舶运力应当符合规定的要求。

自有船舶，是指水路运输经营者将船舶所有权登记为该经营者且归属该经营者的所有权份额不低于 51%的船舶。自有船舶运力应当符合水路运输经营者自有船舶运力最低限额表的要求。

表 6-1 水路运输经营者自有船舶运力最低限额表

<table>
<tr><th rowspan="3">船舶类型</th><th colspan="2">沿海</th><th colspan="4">内河</th></tr>
<tr><th rowspan="2">省际</th><th rowspan="2">省内</th><th colspan="3">省际</th><th rowspan="2">省内</th></tr>
<tr><th>长江</th><th>西江</th><th>其他</th></tr>
<tr><td>普通货船（总吨）</td><td rowspan="4">5000</td><td rowspan="4">1000</td><td rowspan="3">5000</td><td rowspan="3">3000</td><td rowspan="3">1000</td><td rowspan="4">600</td></tr>
<tr><td>成品油船（总吨）</td></tr>
<tr><td>化学品船（总吨）</td></tr>
<tr><td>液化气船（立方米）</td><td colspan="3">2000</td></tr>
<tr><td>原油船（总吨）</td><td>35000</td><td>5000</td><td colspan="3">15000</td><td>2000</td></tr>
<tr><td>普通客船（客位）</td><td>400</td><td>200</td><td colspan="3">400</td><td>100</td></tr>
<tr><td>客货船</td><td rowspan="2">3000 总吨及 400 客位</td><td rowspan="2">1000 总吨及 100 客位</td><td colspan="3" rowspan="2">1000 总吨及 100 客位</td><td rowspan="2">300 总吨及 50 客位</td></tr>
<tr><td>液装客船</td></tr>
</table>

3. 有明确的经营范围。其中，申请经营水路旅客班轮运输业务的，还应当有可行的航线营运计划。有明确的经营范围包括经营区域和业务种类，可行的航线营运计划包括班期、班次及拟停靠的码头安排等内容。

4. 有与其申请的经营范围和船舶运力相适应的海务、机务管理人员。

表 6-2　海务、机务管理人员最低配额表

单位：人

区域	船型	1—5 艘	6—10 艘	11—20 艘	21—30 艘	31—40 艘	41—50 艘	>50 艘	
沿海	普通货船	1		2	3	4		—	每增加 20 艘增加 1 人，不足 20 艘按 20 艘计
	危险品船	1	2	3	4	5	6		每增加 10 艘增加 1 人，不足 10 艘按 10 艘计
	客船								
内河	普通货船	1		2					每增加 50 艘增加 1 人，不足 50 艘按 50 艘计
	危险品船	1		2	3	4			—
	客船								每增加 20 艘增加 1 人，不足 20 艘按 20 艘计

5. 申请人与高级船员直接订立劳动合同的人数占全部船员的比例符合国务院交通运输主管部门的规定，有与企业直接订立劳动合同的高级船员。企业从事经营客船、危险品船运输的，高级船员的比例不得不低于50%；经营普通货船运输的，高级船员的比例不低于25%，并且与高级船员直接订立一年以上劳动合同。

6. 有健全的安全管理制度。有健全的安全管理机构及安全管理人员设置制度、安全管理责任制度、安全监督检查制度、事故应急处置制度、岗位安全操作规程等。

根据《国内水路运输管理条例》和《国内水路运输管理规定》的规定，个人只能申请经营内河普通货物运输业务，不能申请其他的水路运输业务。

（二）个人申请内河普通货物运输业务的条件

个人申请内河省际、省内普通货物运输业务，需要到设区市人民政府水路运输管理部门办理，并且应符合下列条件：

1. 市场监督管理部门登记核发的《营业执照》。

2. 有合法有效的船舶证书，而且自有船舶运力不超过600总吨。

3. 有安全管理责任制度、安全监督检查制度、事故应急处置制度、岗位安全操作规程等安全管理制度。

二、申请水路运输业务许可的变更

水路运输企业或个人的许可变更包括经营范围变更、基本信息变更。企业的经营业务范围变更时，需要提交以下材料：

其一，申请变更经营范围的书面申请，需要写清变更经营区域或业务种类的原因、可行性计划、实施方案等。

其二，《国内水路运输经营许可证》，需要提交原件和复印件。

其三，其他与申请《国内水路运输经营许可证》一致的资料。

三、水路运输经营业务许可证的注销和换证

水路运输的企业和个人在终止经营水上运输业务时，应当自终止经营之日起 15 个工作日内向原许可机关提交申请注销的书面材料及《国内水路运输经营许可证》原件。

《国内水路运输经营许可证》有效期为 5 年。水路运输的企业和个人应当在证件有效期届满前 30 日内向原许可机关提出换证申请。原许可机关应当进行审查，符合条件的，予以换发。

四、办理水路运输业务许可的程序

申请省内旅客运输及普通货物运输的许可机关为设区市的水路运输管理部门，也有个别地市实施“简政放权”，将该项许可权下放到县一级水路运输管理部门，但是申请人提交的材料及审批的工作程序、业务流程没有发生变化。

水路运输管理部门对申请人提交材料齐全的，出具《受理通知书》并经主管领导审核批准后开始制证；制证完成后发放证书，随后完成建档立册和存档工作。如申请材料有缺失或有误的，受理人员需要当场告知存在的问题并退回申请，做出不予受理决定并出具《不予受理通知书》，待到申请材料准备齐全后再予以受理。

五、水路运输管理部门备案制度

备案，通俗的理解就是存档备查。在行政管理中，它是相对于“许可”的一个概念，需要水路运输管理部门或有关机构知道某些事项，为加强行业管理和制定宏观政策提供依据，但又不需要他们批准同意。

如公司的基本信息变更，需要到原市场监督管理部门申请变更。企业在变更法定代表人、注册资本、经营范围、注册地址时，应当在 15 个工作日内携带《营业执照》和说明变化的原因、事项的文字材料向原水路运输管理部门申请备案。企业的海务、机务管理人员发生变化、与其直接订立一年以上劳动合同的高级船员的比例发生变化、经营的船舶发生重大以上安全责任事故、委托的船舶管理企业发生变更或委托管理协议发生变化，均应在变更事项发生 15 个工作日内，向原水路运输管理部门提交能说明变化的原因、事项的文字材料申请备案。

第二节　船舶营业运输证书

《船舶营业运输证》（以下简称《营运证》），是船舶从事国内水路运输经营活动的有效证件，没有《营运证》的船舶不能从事国内水路运输经营活动。有效的《营运证》必须随船携带。《营运证》需要到船舶注册地的设区市人民政府水路运输管理部门申请领取。

水路运输经营者申请取得《国内水路运输经营许可证》只能

说明其具备从事水路运输资格，而水路运输经营者实际经营的运输船舶只有取得了《营运证》，船舶才有了营运的资格，水路运输经营者才具备真正从事水路运输经营的能力。水路运输经营者不得伪造、变造、租借、冒用、骗取《营运证》。

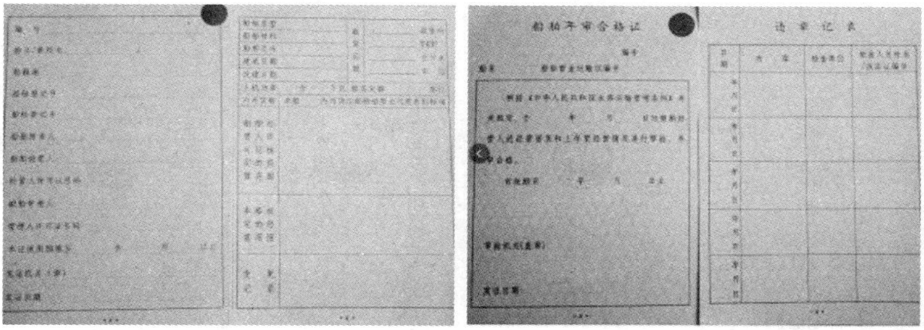

图 6-2　船舶营业运输证书

一、船舶营业运输证书的配发和申领

水路运输经营者申请办理《营运证》需要提交的相关证明材料有国内水路运输经营许可证书、船舶国籍证书、所有权证书、船舶检验证书、按规定适用的船舶入级证书、船舶安全管理证书等。有下列情况之一的，还需提交相应材料：

其一，购置或光租已取得相应水路运输经营资格的船舶，需提交《船舶营业运输证》注销证明文件或法院拍卖证明文件。

其二，新增（含境外购置、光租外国籍船舶后登记为中国籍船舶、国内外新建造、中国籍国际航行船舶转入国内运输、省内营运船舶转入省际运输）客船、危险品船运力的，需提交新增运力批准文件；新增普通货船的，需提交运力备案文件。

其三，从事水路旅客运输的，需提交经营人投保的承运人责任保险或相应的财务担保证明。

其四，船舶委托海务、机务及安全与防污染管理的，需提交与船舶管理业务经营者签订的船舶管理协议、船舶管理业务经营者的《国内船舶管理业务经营许可证》、符合证明和船舶安全管理证书。

其五，应当符合交通运输部关于船舶船型技术标准及节能减排要求的，还需提交相应的证书或证明文件。证书或证明文件应当注明符合的标准船型主尺度要求或节能减排的等级。

申请材料符合条件的，具有证书配发权限的部门应当在 5 个工作日内向申请人配发《船舶营业运输证》。

《船舶营业运输证》有效期为 5 年，但是不得超过船舶按照《老旧运输船舶管理规定》应当强制报废的船龄。其中，委托安全代管的船舶，不超过船舶安全管理证书及安全代管协议的有效期；达到特检船龄的船舶不超过适航证书或货船、客船构造安全证书的有效期；光船租赁的船舶，不超过光船租赁登记有效期；委托经营管理的船舶，不超过委托经营管理合同的有效期。

《船舶营业运输证》记载事项变更或遗失、灭失、损毁的，水路运输经营者应当自发生上述情况之日起 15 个工作日内，申请变更、换发、补发《船舶营业运输证》。申请换发、变更《船舶营业运输证》，应当交验原《船舶营业运输证》或《船舶营业运输证》注销证明文件；不能提交的，应当说明理由。

二、营运证书办理程序

水路运输管理部门在受理申报材料时，应当场核实申报材料是否完整，是否有明显涂改或伪造、变造现象，复印件的内容是否与原件一致，证书是否在有效期内等形式要件。内容一致、有效的，加盖原件与复印件一致章。对申请材料内容的真实性有怀疑或接到相关举报的，可以进行现场核查或向机构核实。申请材料不齐全或不符合法定形式的，应当一次性告知申请人需要补正的全部内容。申请人按照要求提交全部补正申请材料且符合法定形式的，水路运输管理部门再予以受理。

第三节　水路运输经营者

水路运输经营者，是指从事水路运输经营活动的企业和个人。无论企业还是个人，在从事经营活动的时候都不能单纯追求自己的经济利益，还必须遵守法律法规，遵守社会公德、商业道德，诚实守信，接受政府和社会公众的监督，承担社会责任。

一、合法经营，公平竞争

水路运输经营者应当按照《国内水路运输经营许可证》核定的经营范围从事水路运输经营活动。不得出租、出借水路运输经营许可证件，或者以其他形式非法转让水路运输经营资格。从事水路运输的船舶应当随船携带《营运证》，并且不得转让、出租、出借或涂改。《营运证》遗失或损毁的，应当及时向原核发机关申请补发。水路运输经营者应该按照《营运证》标定的载客定额、载货定额和经营范围从事旅客或货物运输，不得超载运输。

水路运输经营者从事水路运输经营活动，应当依法经营，诚实守信，禁止以不合理的运价或其他不正当方式、不规范行为争抢客源、货源。

招揽旅客发布的信息，必须真实、准确，不得进行虚假宣传，误导旅客。水路运输经营者对其在经营活动中知悉的旅客个人信息，应当予以保密，不得买卖或变相买卖旅客信息。

二、船舶防污染和安全检查

水路运输经营者有责任制定和采取相应的船舶防污染措施，检查船舶防污染状况。水路运输经营者应当制定船舶防污染管理制度，要求船员及船上工作人员对船舶防污染的设施和物品进行检查，做好防护措施，对船上垃圾做好防污处理工作。

水路旅客运输业务经营者必须检查船上是否存在国家规定的危险物品及其他禁止携带的物品，禁止携带违禁物品的旅客乘船。船舶开航后，发现旅客随船携带危险物品及其他禁止携带物品的，应予妥善处理。

三、保障人身、财产安全

水路旅客运输业务经营者有义务在运输过程中以广播、提示牌、明白纸等形式予以提示哪些群体不适宜乘坐客船，告知如何正确使用相关设施设备，告知必要的安全防范和应急措施及未向旅客开放的经营服务场所和设施设备，并且对可能危及旅客人身、财产安全的其他情形予以警示。

四、应急工作

水路运输经营者应当依照法律、行政法规和国家有关规定，优先运送处置突发事件所需的物资、设备、工具、应急救援人员和受到突发事件危害的人员，重点保障紧急重要的军事运输，服从交通运输主管部门对关系国计民生物资紧急运输的统一组织调配；按照交通运输主管部门的要求，建立运输保障预案，做好应急运输、军事运输和紧急运输的运力储备工作；按照国家统计规定，报送运输经营统计信息。

第四节　水路运输监督检查

监督检查是国家行政机关为保证国家的法律、法规、方针、政策、条例、规章得以切实贯彻实施而采取的具有法律效力的行政行为。这种行为具有强制性，不同于行政机关进行的民事行为，是执行法律、法规的具体行为。

一、水路运输监督检查的目的和原则

水路运输监督检查，是指水路运输管理部门对水路运输经营者遵守水路运输管理法律规范所进行的监督检查活动。监督检查主体是国务院交通运输主管部门和县级以上地方人民政府交通运输主管部门。

实施监督检查的目的是保护合法经营，保障货主和旅客的合法权益，保护正当竞争，维护运输秩序。具体讲，就是发现和纠正一切违反水路运输管理法规的错误行为，抑制运输经济活动中的不良倾向，促进守法经营，保证党和国家有关运输方针政策、法律法规得到正确贯彻实施，以实现规范全行业的经营行为，建立统一开放、竞争有序的水路运输市场，促进水路运输业健康有序发展，提高社会效益之目的。

水路运输监督检查应遵循合法性原则、公开原则、接受监督原则、保密原则。

合法性原则指的是监督检查应当做到“有法可依、有法必依、执法必严、违法必究”。在进行监督检查时，严格按照法律法规办事；运用恰当的法律依据，严格按照法定权限和程序采取有效的措施。

公开原则主要是指公开执法人员的身份，公开检查内容，公开执法程序，公开被检查者享有的陈述、申辩、行政复议、行政诉讼的权利。

接受监督的原则，一方面是指将水路运输的各种法律依据、办事程序进行公示，接受水路运输经营者及社会各界的监督；另一方面是接受司法监督，被检查者对执法者或检查结果不服时，被检查者可以向上一级水路运输管理部门申请行政复议或向人民法院提起行政诉讼。

保密原则是指水路运输管理部门在实施监督检查过程中对知悉的被检查单位的商业秘密和个人信息应当依法保密。

二、水路运输监督检查内容

水路运输监督检查的内容很多，包括经营资质、经营范围、水路运输经营行为等。开展水路运输监督检查时，着重从以下几个方面开展工作：

（一）检查经营资质

首先，对《营业执照》《国内水路运输经营许可证》《营运证》进行检查。《营业执照》《国内水路运输经营许可证》《营运证》上的内容是否真实有效，是否在有效期内，是否进行过年度核查或年审。其次，检查企业基本信息是否与申请《国内水路运输经营许可证》时的条件相符合。

（二）检查经营范围

检查经营区域和业务种类是否与《国内水路运输经营许可证》上的经营范围一致；检查从事经营水路旅客班轮运输的企业班期、班次及拟停靠的码头安排是否合理，航线营运计划是否可行；检查停靠站点、班期、班次运行等内容，是否存在私自改变航线，变更班期、班次等行为。

（三）检查企业安全管理

检查企业的安全管理机构是否健全，是否建有安全管理人员制度、安全管理责任制度、安全监督检查制度、事故应急处置制度、岗位安全操作规程等。

（四）检查基础资料

主要查看船舶基础台账是否清楚，安全生产管理责任人是否确定，日常检查记录、会议记录是否完善。

（五）检查企业运输票据

向水路运输经营者了解企业现状，查看企业的台账、合同、票据、账簿、相关凭证和文件及其他相关材料，对涉嫌违法的合同、票据、账簿及其他资料进行查阅、复制。

（六）检查营运船舶

检查从事经营活动的船舶是否持有有效的船舶营业运输证书、船舶所有权登记证书、船舶国籍证书、船舶检验证书及按照相关法律、行政法规规定要求的其他证书。

（七）检查水路运输市场

需要检查经营者是否按要求经营；码头或停靠点的告示牌、警示牌是否齐全，是否存在拉客、抢客、甩客、宰客现象；是否存在非法或违法营运的船舶等其他影响水路运输市场的行为。

三、监督检查的方式

监督检查大致被分为全面检查、专项检查、单独检查、联合检查、定期检查、不定期检查等6种方式。作为执法者来讲，可以用任何一种检查方式对水路经营者进行检查，但是无论哪种检查，都会涉及现场监督检查。

现场监督检查，是指水运管理部门的工作人员直接深入到企业的办公地点及经营场所，对经营者的资质、管理制度、安全管理制度、应急预案及经营业务等事项进行实地检查的活动。

在实施现场监督检查过程中，至少需要两名执法人员开展监督检查工作，需要当场做好检查记录。在监督检查记录中，需要做好检查的时间、内容、结果等记录工作，并且与被检查单位或个人共同签署名章。被检查单位或个人不签署名章的，监督检查人员对不签署的情形及理由应当予以注明。

在现场监督检查工作中发现存在的问题或安全隐患能及时更

正的，应要求企业或个人当场更正；不能及时更正的，下发限期整改通知书，责令整改期限最长不超过 6 个月；整改期限结束后，对该经营者整改情况应当进行复查，并且做出整改是否合格的结论。

第五节 河北省小型客船运输管理

为规范小型客船运输经营行为，维护水路运输市场秩序，保障水路旅客运输安全，促进水路运输业健康发展，河北省出台了《河北省小型客船运输管理规定》。该规定所指的小型客船是指核定载客 12 人及以下从事旅客运输的船舶。设区的市、县级人民政府水路运输主管部门负责本行政区域内的小型客船运输管理工作。县级以上人民政府自然资源、水利、文化和旅游、生态环境等有关部门在各自职责范围内，做好小型客船运输管理的相关工作。乡（镇）人民政府及街道办事处、各类开发（园）区管理机构应当协助水路运输主管部门和其他有关部门做好小型客船运输管理相关工作。

一、对小型客船运输业务的经营者实行备案制

对小型客船运输业务的经营者从事水上经营活动实行备案制，明确经营条件要求，重在加强事中、事后监管。这样规定符合“放管服”改革要求。水路运输管理部门要加大事后监管的力度，确保水路旅客运输安全、水路运输市场健康有序的发展。

对小型客船运输业务的经营者实行备案的内容如下：

其一，经营者的市场主体登记信息。

其二，从事经营的小型客船船舶信息。

其三，船员及其他经营管理人员信息。

其四，航线和停靠站点。

其五，安全生产责任制、防治污染管理制度等。

通过备案的经营者应当对从事营运活动的船舶、船员加强管理，不得擅自取消或变更航线、停靠站点；对从业人员进行职业道德教育和业务培训；还应当制定经营规范和服务标准，提高服务质量；为了应对经营者的风险管理，应当为小型客船、旅客购买相关责任保险。

经营者有义务告知哪些群体、人员不适宜乘船；如何正确使用相关设施、设备；必要的安全防范、应急措施和安全救生知识；禁止携带的易燃、易爆、有毒、有害的危险物品；其他可能危及船舶航行安全、旅客人身健康和生命财产安全的情形。

二、小型客船经营者的责任

其一，对环境的保护，防止小型客船对水的污染及乘客的生活垃圾乱丢乱放造成的污染。

其二，提高客运经营安全水平，保障旅客受损权益得到有效补偿；经营者应当为其客运船舶投保承运人责任险。

其三，做好宣传工作，加大安全检查，确保人身和财产安全。

其四，做好应急预案，落实安全生产主体责任。

三、小型客船运输的监管

《河北省小型客船运输管理规定》要求水路运输管理部门需要

加大事后监管力度，及时查处小型客船运输违法行为，维护水路运输市场秩序，保障水路旅客运输安全。

水路运输管理部门需要完成以下工作：

其一，水路运输主管部门应当会同有关部门，建立健全小型客船运输监督检查、协查通报制度，及时查处小型客船运输违法行为，共同维护水路运输市场秩序。

其二，水路运输主管部门应当定期开展水路运输市场的统计调查分析，形成水路运输市场运力供需状况报告并向社会公布，为经营者合理调整船舶运力提供参考。

其三，水路运输主管部门应当建立健全小型客船运输违法经营行为社会监督机制，公布投诉举报电话、邮箱等，及时受理和处理投诉举报信息并反馈处理结果。

其四，水路运输主管部门应当建立经营者诚信档案，将监督检查或受理投诉举报时发现的违法行为、处理结果、安全责任事故等情况记入诚信档案。

附件：

本书参考的主要法律、法规文件

一、综合类

《中华人民共和国内河交通安全管理条例》，国务院令 2002 年第 355 号公布，自 2002 年 8 月 1 日起施行。根据 2011 年 1 月 8 日《国务院关于废止和修改部分行政法规的决定》第一次修订；根据 2017 年 3 月 1 日《国务院关于修改和废止部分行政法规的决定》第二次修订。

《河北省内河交通安全管理规定》，河北省政府令 2011 年第 12 号公布，自 2012 年 1 月 1 日起施行。根据河北省政府令 2017 年第 6 号修正。

二、通航管理类

《中华人民共和国水上水下活动通航安全管理规定》，交通运输部令 2011 年第 5 号公布，自 2011 年 6 月 1 日起施行。根据 2016 年《交通运输部关于修改〈中华人民共和国水上水下活动通航安全管理规定〉的决定》修正。

《中华人民共和国内河交通事故调查处理规定》，交通部令 2006 年第 12 号公布，自 2007 年 1 月 1 日起施行。根据 2012 年 3

月 14 日交通运输部《关于修改〈中华人民共和国内河交通事故调查处理规定〉的决定》修正。

《中华人民共和国内河避碰规则》，交通部令 1991 年第 30 号公布，2003 年修正。

《水上交通事故统计办法》，交通运输部令 2014 年第 15 号公布，自 2015 年 1 月 1 日起施行。

三、船舶管理类

《中华人民共和国船舶安全监督规则》，交通运输部令 2017 年第 14 号公布，自 2017 年 7 月 1 日起施行。

《船舶安全监督工作程序》，海船舶〔2017〕372 号。

《中华人民共和国船舶登记条例》，国务院令 1994 年第 155 号公布，自 1995 年 1 月 1 日起施行。2014 年 7 月 29 日经国务院令第 653 号《国务院关于修改部分行政法规的决定》修正。

《中华人民共和国船舶登记办法》，交通运输部令 2016 年第 85 号公布，自 2017 年 2 月 10 日起施行。

《中华人民共和国船舶与海上设施检验条例》，国务院令 1993 年第 109 号公布，自 1993 年 2 月 14 日起施行。

《船舶与海上设施法定检验规则——内河小型船舶检验技术规则（2016）》，国家海事局海政法〔2016〕22 号文公布，自 2016 年 3 月 1 日起实施。

《河北省内河船长小于 5 米船舶检验技术规则》（修订版），河北省地方海事局冀海事〔2018〕9 号文公布，自 2018 年 4 月 1 日起实施。

《河北省内河船长小于 5 米船舶登记规则》，河北省地方海事局冀海事〔2012〕43 号文公布，自 2012 年 8 月 6 日起实施。

四、船员管理类

《中华人民共和国船员条例》，国务院令 2007 年第 494 号公布，自 2007 年 9 月 1 日起施行。先后 4 次修订。

《中华人民共和国内河船舶船员适任考试和发证规则》，交通运输部令 2015 年第 21 号公布，自 2016 年 5 月 1 日起施行。

《中华人民共和国船员注册管理办法》，交通运输部令 2008 年第 1 号公布，自 2008 年 7 月 1 日起施行。

《中华人民共和国船员培训管理规则》，交通运输部令 2009 年第 10 号公布，自 2009 年 10 月 1 日起施行。

《中华人民共和国船舶最低安全配员规则》，由交通部于 2004 年 6 月 30 日发布，自 2004 年 8 月 1 日起施行。2014 年修正，2018 年修订。

五、防止船舶污染类

《中华人民共和国水污染防治法》，1984 年 5 月 11 日第六届全国人民代表大会常务委员会第五次会议通过，根据 1996 年 5 月 15 日第八届全国人民代表大会常务委员会第十九次会议《关于修改〈中华人民共和国水污染防治法〉的决定》第一次修正，2008 年 2 月 28 日第十届全国人民代表大会常务委员会第三十二次会议修订，根据 2017 年 6 月 27 日第十二届全国人民代表大会常务委员会第二十八次会议《关于修改〈中华人民共和国水污染防治法〉的决定》第二次修正。

《中华人民共和国防治船舶污染内河水域环境管理规定》，交通运输部令 2015 年第 25 号公布，自 2016 年 5 月 1 日起施行。

《船舶水污染物排放控制标准》（GB3552-2018），由环保部于 2018 年 1 月 16 日发布，自 2018 年 7 月 1 日起施行。

六、水运管理类

因保定市地方海事局同时挂牌保定市航运管理处，行使水路运输管理职权，因此执法依据中包含水路运输相关内容。

《国内水路运输管理条例》，国务院令 2012 年第 625 号公布，自 2013 年 1 月 1 日起施行。2016 年、2017 年两次修订。

《国内水路运输管理规定》，由交通运输部于 2014 年 1 月 3 日发布，自 2014 年 3 月 1 日起施行。根据交通运输部令 2015 年第 5 号《关于修改〈国内水路运输管理规定〉的决定》第一次修正，根据交通运输部令 2016 年第 79 号《关于修改〈国内水路运输管理规定〉的决定》第二次修正。

《老旧运输船舶管理规定》，由交通部于 2006 年 7 月 5 日发布，自 2006 年 8 月 1 日起施行。2009 年、2014 年、2017 年三次修正。

《河北省小型客船运输管理规定》，河北省政府令 2019 年第 4 号公布，自 2019 年 6 月 1 日起施行。

七、行政执法类

《中华人民共和国行政处罚法》，中华人民共和国主席令 1996 年第 63 号公布，自 1996 年 10 月 1 日起施行。2009 年、2017 年两次修正。

《中华人民共和国行政强制法》，中华人民共和国主席令 2011 年第 49 号公布，自 2012 年 1 月 1 日起施行。

《中华人民共和国行政许可法》，中华人民共和国主席令 2003 年第 7 号公布，自 2004 年 7 月 1 日起施行。

《交通运输行政执法程序规定》，交通运输部令 2019 年第 9 号公布，自 2019 年 6 月 1 日起施行。

《中华人民共和国内河海事行政处罚规定》，交通运输部令 2015 年第 9 号公布，自 2015 年 7 月 1 日起施行。根据 2017 年 5 月 23 日交通运输部《关于修改〈中华人民共和国内河海事行政处罚规定〉的决定》第一次修正，根据 2019 年 4 月 12 日交通运输部《关于修改〈中华人民共和国内河海事行政处罚规定〉的决定》第二次修正。

《中华人民共和国海事局海事行政处罚裁量权管理办法》，国家海事局海政法〔2013〕836 号文发布，自 2014 年 1 月 1 日起实施。

《海事违法行为行政处罚裁量基准》，海政法〔2017〕691 号。

《河北省交通运输行政处罚自由裁量权执行标准（2016）》，河北省交通运输厅冀交政法〔2016〕553 号文发布，自 2017 年 1 月 1 日起实施。

《中华人民共和国海事行政许可条件规定》，交通运输部令 2015 年第 7 号公布，根据 2016 年 9 月 2 日《交通运输部关于修改〈中华人民共和国海事行政许可条件规定〉的决定》修正。

《海事行政许可裁量权控制办法》，交通运输部海事局海政法

〔2017〕6号文发布，自2017年1月10日起实施。

《海事行政许可裁量基准》，交通运输部海事局海政法〔2017〕7号文发布，自2017年1月10日起实施。

《中华人民共和国海事行政强制实施程序规定》，国家海事局海法规〔2012〕499号文发布，自2012年7月27日起施行。